Avec ce livre, une licence i-MANUEL 2.0

Le i-Manuel 2.0, un outil simple d'utilisation qui reprend l'ensemble des contenus de ce livre sous forme numérique et interactive.

Il permet d'accéder au contenu de ce manuel à tout moment et en tout lieu sur un ordinateur ou une tablette. L'utilisateur peut donc passer du papier au numérique et choisir le support qui lui convient le mieux selon le travail à faire et le lieu où il se trouve.

Une véritable interactivité entre l'enseignant et sa classe

- **Vidéoprojeter** en classe les activités, les documents et les corrections pour animer les cours et travailler collectivement.
- **Piloter la classe** en assurant le suivi du travail des élèves à distance et en cours (recevoir et envoyer du travail, faire des commentaires, intervenir en temps réel).
- **Intégrer et envoyer à la classe**, à un ou plusieurs élèves, **des documents personnels**.
- **Afficher les corrigés** ou la correction individuelle du travail de l'élève.
- **Télécharger le livre** pour une utilisation sans connexion.
- **Imprimer** les documents nécessaires pour mettre les élèves en **situation d'examen**.

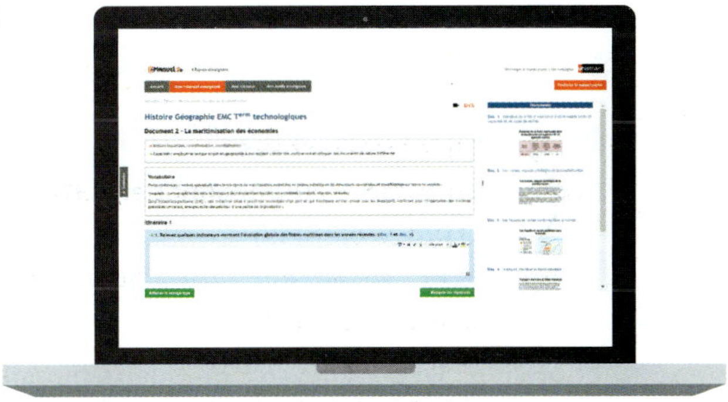

Des fonctionnalités innovantes pour favoriser l'intérêt, la motivation et l'implication des élèves

- **Saisir les réponses** en travaillant sur ordinateur ou tablette.
- **Faire les activités et les exercices**, préparer ou réviser le cours **en classe ou à la maison**.
- **Accéder** aux **ressources numériques**, vidéos, fichiers élèves (Word, Excel, GeoGebra...).
- **Sauvegarder** au **format Word** le travail effectué dans un dossier (classeur).
- **Envoyer le travail** au professeur.
- **S'enregistrer** pour les activités orales.
- **S'auto-évaluer**.

Toutes les infos et les tutos sur www.nathan.fr/i-manuel2

Avec ce livre, des ressources numériques en accès direct

Flashez les QR Codes avec votre smartphone ou saisissez les mini-liens associés pour accéder à des vidéos, animations, QCM...

Sommaire

Histoire

Thème 1

L'Europe, un théâtre majeur des guerres totales (1914-1945) 8

Repères 10

SOUS-THÈME 1 **Civils et militaires dans la Première Guerre mondiale**

Cours Quelles sont les principales caractéristiques de la Première Guerre mondiale ? 12

Cours Quelles sont les conséquences de la Grande Guerre ? 14

Mener l'enquête Le génocide des Arméniens 16

CONTEXTUALISATION **Les caractéristiques des régimes totalitaires** 18

Mener l'enquête Les congés payés de 1936 et le Front populaire 20

SOUS-THÈME 2 **La Seconde Guerre mondiale, une guerre d'anéantissement**

Cours Quelles sont les grandes phases de la Seconde Guerre mondiale ? 22

Cours En quoi la Seconde Guerre mondiale est-elle une guerre d'anéantissement ? 24

Mener l'enquête Hiroshima et Nagasaki 26

SOUS-THÈME 3 **La France défaite et occupée. Régime de Vichy, collaboration, Résistance**

Cours À quels choix les Français sont-ils confrontés entre 1940 et 1945 ? 28

Mener l'enquête La rafle du Vél ' d'Hiv 30

Cours Comment résister pendant la Seconde Guerre mondiale ? 32

L'essentiel à retenir 34

Thème 2

Le monde depuis 1945 36

Repères 38

CONTEXTUALISATION **Les caractéristiques du monde bipolaire au lendemain de la Seconde Guerre mondiale** 40

CONTEXTUALISATION **L'émergence de nouveaux États** 42

SOUS-THÈME 1 **Affirmation et mise en œuvre du projet européen**

Cours Quelles sont les grandes étapes de la construction européenne ? 44

Cours Quels grands débats ont animé la construction européenne ? 46

Mener l'enquête L'euro, une monnaie pour l'Europe 48

SOUS-THÈME 2 **Enjeux et conflits dans le monde après 1989**

Cours Quels sont les nouveaux rapports de force depuis 1989 ? 50

Cours Quels sont les conflits et les menaces qui pèsent sur notre monde ? 52

Mener l'enquête Le 11 septembre 2001 54

L'essentiel à retenir 56

Thème 3

Françaises et Français dans une République repensée 58

Repères 60

CONTEXTUALISATION **La refondation de la République** 62

Mener l'enquête L'élan du Front populaire 64

SOUS-THÈME **La Ve République, de la République gaullienne à l'alternance et à la cohabitation**

Cours Quelle est l'influence du général de Gaulle dans la naissance de la Ve République ? 66

Mener l'enquête De Gaulle, le monarque républicain 68

Cours Comment les institutions ont-elles évolué depuis 1958 ? 70

DOSSIERS **Femmes et hommes dans la société des années 1950 aux années 1980 : nouveaux enjeux sociaux et culturels, réponses politiques**

Dossier 1 Les femmes dans la société française 72

Dossier 2 Les défis du modèle social républicain des années 1950 aux années 1980 74

Mener l'enquête Une manifestation féministe 76

L'essentiel à retenir 78

Géographie

Thème 1

Les dynamiques territoriales de la France contemporaine 80

Repères 82

SOUS-THÈME 1 **Les aires urbaines, une nouvelle géographie d'une France mondialisée**

Cours Comment les aires urbaines françaises contribuent-elles à relier le territoire français au monde ? 86

Cours Quelles sont les dynamiques à l'œuvre derrière la diversité des espaces urbains ? ... 88

Mener l'enquête Le mode de vie périurbain ... 90

SOUS-THÈME 2 **Les espaces de faible densité et leurs atouts (espaces ruraux, montagnes, secteurs touristiques peu urbanisés)**

Cours En quoi le tourisme vert contribue-t-il au dynamisme des espaces ruraux ? ... 92

Cours Comment mettre en valeur les espaces de montagne ? ... 94

Mener l'enquête Vulcania, un parc d'attraction au milieu des volcans ... 96

L'essentiel à retenir ... 98

Thème 2

Pourquoi et comment aménager le territoire ? ... 100

Repères ... 102

SOUS-THÈME 1 **Aménager pour répondre aux inégalités croissantes entre les territoires français, à toutes les échelles**

Étude de cas Comment Euroméditerranée transforme-t-il Marseille en une métropole dynamique ? ... 104

Cours Quels sont les enjeux de l'aménagement du territoire ? ... 106

Mener l'enquête L'organisation du territoire français ... 108

SOUS-THÈME 2 **La spécificité des territoires ultramarins français**

Cours Quels défis les territoires ultramarins présentent-ils en termes d'aménagement ? ... 110

Étude de cas Quels sont les enjeux de l'aménagement du territoire à Mayotte ? ... 112

Mener l'enquête Le pont de l'Oyapock entre France et Brésil ... 114

L'essentiel à retenir ... 116

Thème 3

La France et l'Union européenne ... 118

Repères ... 120

SOUS-THÈME 1 **L'Union européenne, un nouveau territoire de référence et d'appartenance**

Cours Comment l'Union européenne devient-elle le territoire de référence et d'appartenance des Européens ? ... 122

Étude de cas Pourquoi la Grande Région est-elle représentative de l'affirmation des régions transfrontalières d'Europe ? ... 124

Mener l'enquête L'Euro de football, un moment d'unité européenne ? ... 126

SOUS-THÈME 2 La France et l'Europe dans le monde

Cours — Quels sont les aspects de l'intégration territoriale et économique de la France dans l'Union européenne ? 128

Cours — Comment se manifestent la puissance et le rayonnement de la France dans le monde ? 130

Mener l'enquête — Les migrations vers l'Union européenne 132

L'essentiel à retenir 134

EMC

Sommaire des fiches EMC en page 137

BREVET - Sujet blanc 152

Suggestions Pix

Le manuel permet de mettre en œuvre les compétences Pix suivantes :

D1. Information et données
- D1.1. Mener une recherche et une veille d'information

D2. Communication et collaboration
- D2.1. Interagir
- D2.2. Partager et publier
- D2.3. Collaborer

D3. Création de contenu
- D3.1. Développer des documents textuels
- D3.2. Développer des documents multimédia
- D3.3. Adapter les documents à leur finalité

THÈME
1

L'Europe, un théâtre majeur des guerres totales (1914-1945)

LES ENJEUX

- Le XXe siècle est marqué par l'ampleur des crises que les sociétés française, européenne et mondiale ont traversées mais également par les mutations qui en ont découlé.
- À partir de 1914, le conflit européen devient progressivement mondial. La guerre, qui mobilise les civils comme les militaires, fait plus de 10 millions de morts.
- Violence de masse et génocides caractérisent la Seconde Guerre mondiale, une guerre totale aux dimensions planétaires. À l'échelle européenne comme à l'échelle française, les résistances s'opposent à l'occupation nazie et aux régimes qui s'engagent dans la collaboration.

Problématique → **Comment les crises ont-elles modifié les sociétés européennes entre 1914 et 1945 ?**

LE DEUIL APRÈS LE COMBAT

Inauguration de l'ossuaire de Douaumont près de Verdun le 18 septembre 1927. 52 cercueils contenant des ossements de soldats morts au combat sont portés au caveau du nouvel ossuaire.

SOUS-THÈME 1 Civils et militaires dans la Première Guerre mondiale

* Quelles sont les principales caractéristiques de la Première Guerre mondiale ?
* Quelles sont les conséquences de la Grande Guerre ?

pp. 12 à 17

CONTEXTUALISATION Les caractéristiques des régimes totalitaires

Les congés payés de 1936 et le Front populaire

pp. 18 à 21

SOUS-THÈME 2 La Seconde Guerre mondiale, une guerre d'anéantissement

* Quelles sont les grandes phases de la Seconde Guerre mondiale ?
* En quoi la Seconde Guerre mondiale est-elle une guerre d'anéantissement ?

pp. 22 à 27

SOUS-THÈME 3 La France défaite et occupée. Régime de Vichy, collaboration, Résistance

* À quels choix les Français sont-ils confrontés entre 1940 et 1945 ?
* Comment résister pendant la Seconde Guerre mondiale ?

pp. 28 à 33

Capacités

L'étude permet à l'élève de :
– situer dans le temps et dans l'espace le premier conflit mondial ;
– décrire les conditions de vie des soldats dans les tranchées et les violences subies par les combattants et les civils (génocide arménien) ;
– caractériser l'impact de la Première Guerre mondiale sur les sociétés et sur l'organisation du monde (Paix de Versailles) ;
– situer dans le temps et l'espace la Seconde Guerre mondiale ; identifier la dimension planétaire de ce conflit ;
– décrire quelques aspects de la guerre d'anéantissement ; le processus de l'extermination des Juifs et des Tziganes ;
– décrire la situation de la France pendant le conflit ; caractériser le régime de Vichy ; savoir comment la Résistance militaire et civile s'est organisée en s'appuyant sur quelques exemples.

Compétences

- Identifier des continuités et des ruptures chronologiques pour s'approprier la périodisation de l'histoire et pratiquer de conscients allers-retours au sein de la chronologie.
- Poser des questions, se poser des questions à propos de situations historiques.
- Identifier le document et son point de vue particulier.

Repères

- Grande Guerre : 1914-1918
- Armistice : 11 novembre 1918
- Seconde Guerre mondiale : 1939-1945
- L'appel du général de Gaulle : juin 1940
- Régime de Vichy : 1940-1944

REPÈRES

DOC. 1 Les rivalités européennes en 1914

Carte interactive liennathan.fr/n67ik6

1. Les alliances

- Pays de la Triple Alliance
- Pays ami de la Triple Alliance
- Pays de la Triple Entente
- Pays allié de la Russie
- Pays non engagé dans une alliance
- Pays neutre

2. Les tensions

- *Italiens* Minorités d'Autriche-Hongrie
- Zone contestée, revendication territoriale

1. Comment appelle-t-on les deux alliances en 1914 ?
2. De quels pays se composent-elles ?
3. Décrivez les avantages et les inconvénients géographiques de ces deux alliances.

Carte interactive
liennathan.fr/72kws8

DOC. 2 L'EUROPE EN 1939

1. Les forces de l'Axe Rome-Berlin de 1935 au 1er septembre 1939

- L'Allemagne nazie en 1935
- Annexions allemandes
- Remilitarisation de la Rhénanie
- L'Italie fasciste en 1935
- Annexions italiennes

2. L'Europe le 1er septembre 1939

- Limite de l'Allemagne le 1er septembre 1939
- Régimes soutenus par l'Axe Rome-Berlin
- Démocraties alliées à la Pologne

1. Quelles sont les deux alliances en Europe en 1939 ?
2. Quelles remarques pouvez-vous faire sur les frontières de l'Allemagne de 1935 à 1939 ?
3. En comparant avec le document 1, dites quels grands empires ont disparu entre 1914 et 1939.

Quelles sont les principales caractéristiques de la Première Guerre mondiale ?

Une chronologie

DOC. 1 Les grandes phases de la guerre

Une souffrance

DOC. 2 L'enfer des tranchées

21 août 1916

« La position des batteries allemandes se situe avant l'étang de Forges, où commence l'enfer de 304[1]. Je ne dis pas enfer à tort car c'est ici que commence le royaume des tirs de barrage. Des odeurs de cadavres qui n'ont pas encore pu être enterrés s'élèvent des anciennes tranchées françaises ravagées. Du matériel de grande valeur a été laissé à l'abandon sur tout le chemin, des armes, des munitions, de la nourriture, des masques à gaz, du barbelé, des grenades et autres machines de guerre. Les dernières étendues d'herbe sont déjà bien loin derrière nous, on ne voit plus qu'un désert entièrement et violemment labouré par les grenades... »

Christian Bordeching, soldat allemand.

1. 304 : colline entre les tranchées, culminant à 304 mètres d'altitude.

J.-P. Guéno et Y. Laplume (dir.), *Parole de poilus : lettres et carnets du front (1914-1918)*, Radio-France, Librio, 1998.

26 août 1914

« Mes chers petits,
Du champ de dévastation où nous sommes, je vous envoie ce bout de papier avec quelques lignes que vous ne pouvez encore comprendre... Villages incendiés, animaux périssant dans les flammes : tout cela est horrible. Jusqu'à présent, les hommes n'ont appris qu'à détruire et à se déchirer mutuellement. Travaillez, vous, mes enfants, avec acharnement à créer la prospérité et la fraternité de l'univers. Je compte sur vous et vous dis au revoir probablement sans tarder. Votre père qui, du front de bataille, vous embrasse avec effusion. »

Martin Vaillagou, soldat français.

J.-P. Guéno, *Mon papa en guerre : lettre de poilus, mots d'enfants (1914-1918)*, Librio, 2003.

Mots-clés

Arrière : zone où l'on ne se bat pas, en arrière du front.

Front : zone de combats, entre deux armées.

Génocide : extermination systématique d'un peuple en raison de ses origines ethniques ou religieuses.

Guerre totale : guerre dans laquelle l'ensemble des ressources humaines, économiques et culturelles d'un pays sont mobilisées pour combattre l'ennemi.

Tranchée : fossé creusé par les soldats pour se protéger et défendre leurs positions.

SOCLE Compétences
Domaine 1 : Je m'exprime à l'écrit et à l'oral de façon claire et organisée
Domaine 2 : Je comprends un document

Une mobilisation

DOC. 3 Les « munitionnettes »

Des ouvrières dans une usine de fabrication d'obus en France.

Un enjeu

DOC. 4 La guerre économique

Affiche éditée en 1915 par le gouvernement français.

MENER L'ÉTUDE

1. Quand la guerre commence-t-elle et quand finit-elle ? **(DOC. 1)**

2. Quelles sont les trois grandes phases de la guerre ? **(DOC. 1)**

3. Relevez dans ces lettres les signes de la brutalité des combats. **(DOC. 2)**

4. Dans la seconde lettre, quel est le message du père à ses enfants ? **(DOC. 2)**

5. Expliquez le terme « munitionnettes » qui désigne ces ouvrières. **(DOC. 3)**

6. Pourquoi les femmes sont-elles si nombreuses dans cette usine ? **(DOC. 3)**

7. Décrivez cette affiche. **(DOC. 4)**

8. Par qui et dans quel but a-t-elle été émise ? **(DOC. 4)**

Synthèse

Rédigez un paragraphe répondant à la problématique : « Quelles sont les principales caractéristiques de la Première Guerre mondiale ? » Vous utiliserez les termes suivants : *front, enfer des tranchées, guerre économique, arrière, civils, guerre totale.*

COURS

Quelles sont les conséquences de la Grande Guerre ?

Un bilan humain

DOC. 1 Des pertes humaines considérables

Alliés	Mobilisés	Morts	Blessés
France	8 410 000	1 390 000	3 595 000
Belgique	267 000	44 000	44 686
Grande-Bretagne	8 904 467	908 371	2 090 212
Italie	5 615 000	650 000	947 000
États-Unis	4 355 000	116 516	204 002
Empires centraux			
Allemagne	11 000 000	1 773 700	4 216 058
Autriche-Hongrie	7 800 000	1 200 000	3 620 000
Total général	**65 038 810**	**8 841 315**	**20 508 154**

Un traumatisme

DOC. 2 Les invalides de guerre défilent à Paris devant l'Arc de Triomphe en 1928

La France a payé un lourd tribut à la guerre : en plus des 1,4 millions de morts, on dénombre 600 000 invalides, 300 000 mutilés et amputés, 42 000 aveugles et 15 000 « gueules cassées ».

MENER L'ÉTUDE

Équipe 1 – Le bilan humain et matériel de la guerre

1. Quels États ont été les plus touchés par la guerre ? **(DOC. 1)**

2. Comment le traumatisme se poursuit-il dans l'entre-deux-guerres ? **(DOCS 1 ET 2)**

3. Où ce défilé a-t-il lieu exactement ? Quel symbole le choix du lieu revêt-il ? **(DOC. 2)**

Équipe 2 – Les conséquences géopolitiques de la guerre

1. En comparant avec la carte de l'Europe de 1914 (p.10), quels sont les États qui ont été créés ? Quels sont les États qui ont disparu ? Qu'en est-il des frontières de la France ? **(DOC. 3)**

2. Quel organisme est créé en 1919 ? Quelles valeurs défend-t-il ? **(DOC. 4)**

Mot-clé

Société des Nations (SDN) : association internationale créée en 1919 par 42 États souhaitant organiser la sécurité collective, assurer une paix durable et éviter le retour d'une guerre mondiale.

Synthèse

À l'oral, un élève de chaque groupe présente à la classe le résultat des travaux de son équipe.

Une Europe redessinée

DOC. 3 L'Europe au lendemain de la Première Guerre mondiale

Un espoir

DOC. 4 La Société des Nations (SDN)

La Paix, *tapisserie d'Othon-Friesz, Manufacture des Gobelins, 1937. Cette tapisserie fut offerte par la France à la Société des Nations qui siégeait à Genève.*
❶ Le Palais des Nations à Genève
❷ L'allégorie de la paix
❸ Une mère et son enfant, une paysanne, des vendangeurs
❹ Les nations réconciliées
❺ L'Espérance lève son voile au passage de la Paix.

MENER L'ENQUÊTE

TÂCHE COMPLEXE

Le génocide des Arméniens

Consigne

Vous avez vu sur les murs de votre ville une affiche qui évoque le souvenir du génocide des Arméniens. Vous désirez en apprendre plus sur ce terrible épisode de la Première Guerre mondiale.

Les éléments clés de l'enquête

- ★ Les Arméniens sont un peuple chrétien qui vit dans l'Empire ottoman, un État musulman.
- ★ Ils subissent des persécutions depuis la fin du XIXe siècle.
- ★ Après l'entrée en guerre de l'Empire ottoman, le gouvernement turc accuse les Arméniens de sympathiser avec l'ennemi russe.
- ★ Un génocide est mis en œuvre en 1915 (assassinats, massacres de masse, déportations).
- ★ Il entraînera la mort d'environ 1,2 million de personnes.

DOC. 2 Des Arméniens enterrés dans une fosse commune après avoir été massacrés par les Turcs (1915)

DOC. 1 Un témoignage

Au mois de juillet 1915, nous vîmes un jour, un long convoi de nos compatriotes arméniens, conduits par les gendarmes. Ils étaient au moins 5 000, pour la plupart des femmes, des vieillards, des enfants […]. Le lendemain, notre compagnie reçut l'ordre de traverser la montagne, on nous recommanda de ne pas oublier nos pelles et nos pioches […]. À peine arrivés sur les hauteurs du défilé, nous aperçûmes une foule compacte ; c'étaient les déportés arméniens que nous avions vus la veille, mais cette fois ils étaient entourés par des « brigands » turcs et kurdes […]. Je ne me sens ni la patience, ni la force de vous décrire cette orgie de sang car ce qui se passa sous nos yeux fut horrible. Partout le carnage, l'épouvantable poursuite, partout du sang […].On nous ordonna d'enterrer immédiatement les corps et de faire disparaître les traces de sang. Nous avons creusé de grandes fosses, mais à peine à un mètre de profondeur, nous mîmes au jour des cadavres de soldats arméniens habillés comme nous. Ces malheureux avaient creusé quelques jours auparavant des fosses pour d'autres victimes et à leur tour avaient été massacrés.

Le Livre bleu du gouvernement britannique concernant le traitement des Arméniens dans l'Empire ottoman, 1917, rééd., Paris, Payot, 1997.

Mot-clé

Génocide : extermination systématique d'un peuple en raison de ses origines ethniques ou religieuses.

SOCLE Compétences

Domaine 1 : J'écris pour construire mon savoir et communiquer
Domaine 4 : Je mène une démarche d'investigation

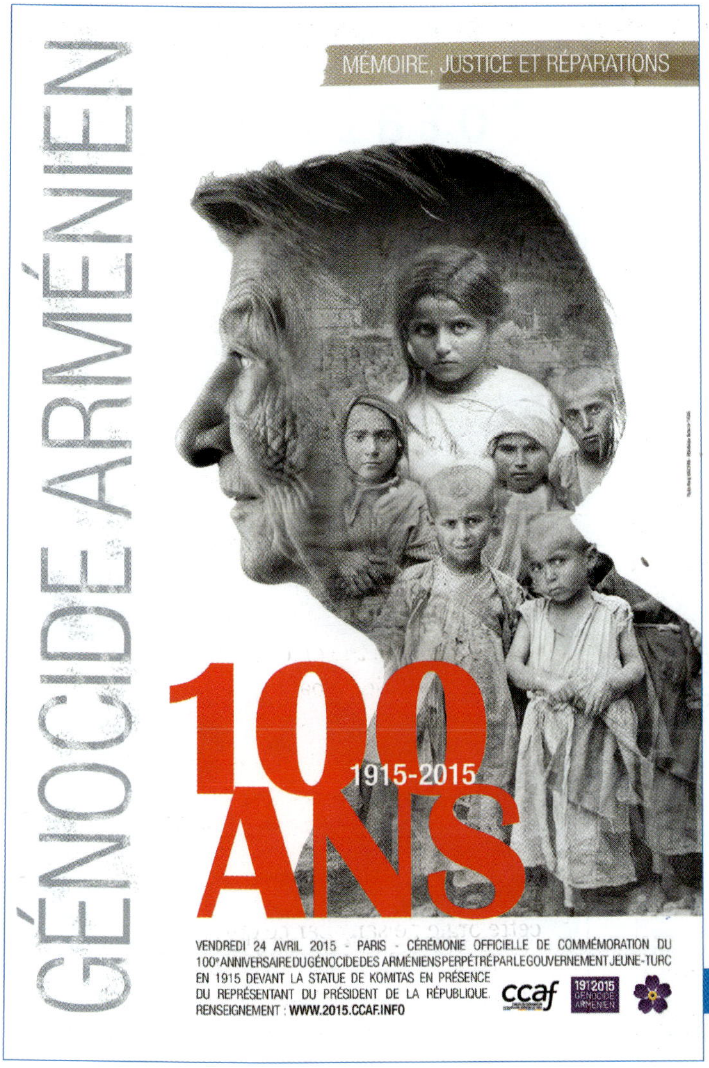

DOC. 3 Affiche pour la commémoration du génocide des Arméniens en 2015

QUESTIONS

1 J'observe et je décris

1. Présentez ce document : à quelle occasion a-t-il été émis ? **(DOC. 3)**

2. Comment l'affiche établit-elle le lien entre le passé et le présent ? **(DOC. 3)**

3. Expliquez l'expression « mémoire, justice et réparations » qui figure en haut de l'affiche. **(DOC. 3)**

2 Je cherche à comprendre

4. Relevez les termes qui évoquent la violence de la scène. **(DOC. 1)**

5. Qu'apprend-on de l'identité de l'auteur de ce témoignage ? **(DOC. 1)**

6. Que doit-il faire sous la contrainte des Turcs ? **(DOC. 1)**

7. Pourquoi peut-on parler de génocide des Arméniens ? **(DOCS 1, 2 ET 3)**

3 Je rédige

Rédigez un paragraphe expliquant pourquoi il est important de se souvenir du génocide des Arméniens.

TÂCHE COMPLEXE

Les caractéristiques des régimes totalitaires

Une idéologie

DOC. 1 Le culte de la personnalité

« Staline à la barre », dessin publié par le journal Pravda *en janvier 1937. « CCCP » signifie « URSS », Union des Républiques socialistes soviétiques.*

Une idéologie

DOC. 2 La Grande Allemagne

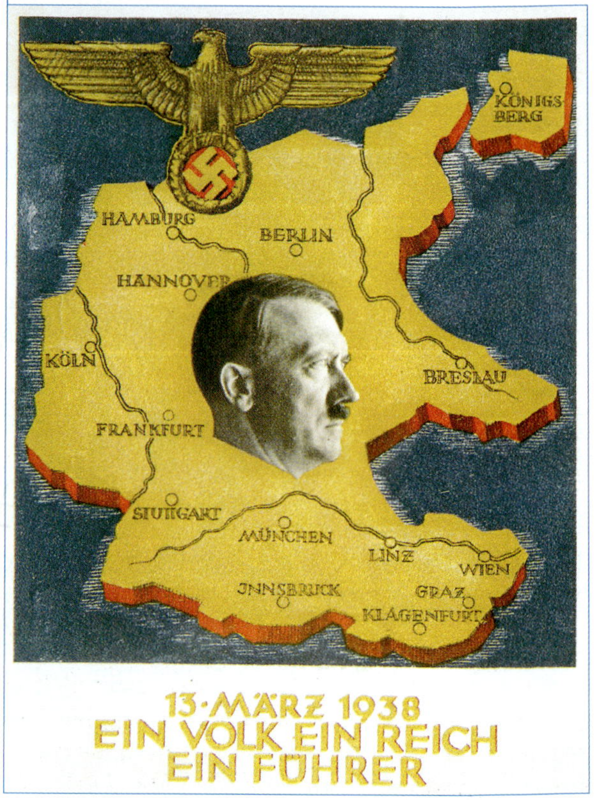

Affiche de propagande nazie de 1938 (« 13 mars 1938 – Un peuple, un empire, un chef »).

Des méthodes

DOC. 3 Diffuser la pensée nazie

Publicité de 1936 pour la marque d'État des postes de radio : « Toute l'Allemagne écoute le Fürher avec le récepteur populaire ». Ce poste bon marché, fabriqué dans les usines de l'État, ne permettait de capter que la radio allemande.

SOCLE Compétences

Domaine 1 : Je m'exprime à l'écrit pour argumenter
Domaine 2 : J'analyse des documents et les explique en exerçant mon esprit critique

Des persécutions

DOC. 4 Le travail forcé au goulag

On estime que plus de 20 millions de personnes ont vécu au Goulag sous Staline, souffrant du froid, du travail forcé et des mauvais traitements qui leur étaient infligés. Deux millions de personnes y sont mortes.

Des victimes

DOC. 5 Les étapes de la persécution contre les Juifs (1933-1944)

1933	– Premiers actes de violence contre les Juifs ; opérations de boycott des magasins juifs – Mise à la retraite des fonctionnaires « non aryens ».
Sept. 1935, « lois de Nuremberg »	– Les Juifs perdent la citoyenneté allemande. – Les relations sexuelles entre Juifs et Allemands sont interdites pour préserver la « pureté de la race ».
9-10 nov. 1938 « Nuit de Cristal »	– Destruction de synagogues, de magasins et de logements juifs. – Premières déportations en camps de concentration.
1939-1940	Les politiques antijuives gagnent les pays occupés (la France, par exemple).
1941-1945	Mise en place de la politique d'extermination des Juifs, la « Solution finale » (assassinats, fusillades de masse, centres de mise à mort) qui fera environ 6 millions de victimes.

MENER L'ÉTUDE

1. Par groupes, décrivez les affiches et montrez comment sont valorisés les dictateurs et leur pouvoir (culte de la personnalité) **(DOCS 1 ET 2)**

2. Pourquoi peut-on parler de propagande ? Vous justifierez votre réponse par des éléments de l'affiche ? **(DOC 3)**

3. De quelles manières les deux régimes totalitaires s'attaquent-ils à ceux qu'ils excluent et assassinent ? **(DOCS 4 ET 5)**

Synthèse

En quelques lignes, présentez l'organisation des deux régimes totalitaires. Vous pourrez utiliser les termes suivants : *propagande, antisémitisme, culte de la personnalité, chef unique.*

TÂCHE COMPLEXE

Les congés payés de 1936 et le Front populaire

Consigne

Vous avez appris que jusqu'au début du XXe siècle, les travailleurs n'avaient jamais de vacances. Vous vous demandez quand et comment la situation a pu changer.

Les éléments clés de l'enquête

★ Le Front populaire est une alliance électorale entre les communistes, les socialistes et les radicaux qui remporte les élections législatives de 1936.

★ Le gouvernement issu de cette victoire est dirigé par le socialiste Léon Blum.

★ Dans un contexte de grandes grèves et d'immense espoir pour les travailleurs, le gouvernement Blum fait voter une série de lois sociales, notamment dans le cadre de l'accord Matignon.

★ Les congés payés. Avant la loi votée par le Front populaire le 11 juin 1936, les ouvriers ne bénéficient pas de congés payés. Lorsqu'ils ne travaillent pas, ils ne sont pas payés. Pendant l'été 1936, des milliers d'ouvriers partent en vacances pour la première fois de leur vie. La création des billets populaires de congés annuels, les billets Léo Lagrange, facilitent les départs.

DOC. 1 L'accord Matignon du 7 juin 1936

Cet accord est issu d'une négociation entre le gouvernement de Léon Blum, les représentants du patronat et ceux des syndicats.

Art. 1 – La délégation patronale admet l'établissement immédiat de contrats collectifs de travail. […]

Art. 3 – Les employeurs reconnaissent la liberté d'opinion, ainsi que les droits pour tous les travailleurs d'adhérer et d'appartenir à un syndicat professionnel. […]

Art. 4 – Les salaires réels pratiqués pour tous les ouvriers à la date du 25 mai 1936 seront, du jour de la reprise du travail, rajustés suivant une échelle décroissante commençant à 15 % pour les salaires les moins élevés pour arriver à 7 % pour les salaires les plus élevés […].

Art. 5 – […] dans chaque établissement comprenant plus de dix ouvriers […], il sera institué deux (titulaires) ou plusieurs délégués ouvriers (titulaires ou suppléants) suivant l'importance de l'établissement.

Art. 6 – La délégation patronale s'engage à ce que ne soit prise aucune sanction pour fait de grève.

Art. 7. – La délégation confédérale ouvrière demande aux travailleurs en grève de décider la reprise du travail dès que les directions des établissements auront accepté l'accord général intervenu.

DOC. 2 Départ en congés payés, gare Saint-Lazare à Paris, 31 juillet 1936

SOCLE Compétences

Domaine 2 : J'analyse des documents et les explique en exerçant mon esprit critique
Domaine 5 : Je comprends une situation historique

DOC. 3 AFFICHE DES CHEMINS DE FER POUR DES BILLETS À PRIX RÉDUITS (1936)

QUESTIONS

1 J'observe

1. Qui a émis cette affiche et à qui s'adresse-t-elle ? **(DOC. 3)**
2. Décrivez cette affiche (l'image et le texte). **(DOC. 3)**
3. Quelle atmosphère se dégage de cette scène ? **(DOC. 3)**

2 Je confronte et je croise les informations

4. Dans quel contexte cette affiche a-t-elle été émise ? **(DOC. 3 ET ÉLÉMENTS CLÉS)**
5. Quelles autres avancées sociales ont vu le jour durant l'été 1936 ? **(DOCS 1 ET 2)**

3 Je fais la synthèse

Expliquez à l'oral pourquoi et dans quel contexte les congés payés ont été mis en place.

Quelles sont les grandes phases de la Seconde Guerre mondiale ?

Une géopolitique

DOC. 1 Une guerre mondiale

1. Les belligérants
- L'Axe
- L'Axe et ses conquêtes en 1942
- Les Alliés

2. Les combats
- Offensive japonaise
- Attaque alliée
- Débarquement allié
- Principale bataille

- Zone de guerre sous-marine
- Bombe atomique américaine sur Hiroshima et Nagasaki (6 et 9 août 1945)
- États neutres

Une chronologie

DOC. 2 Les grandes étapes de la guerre

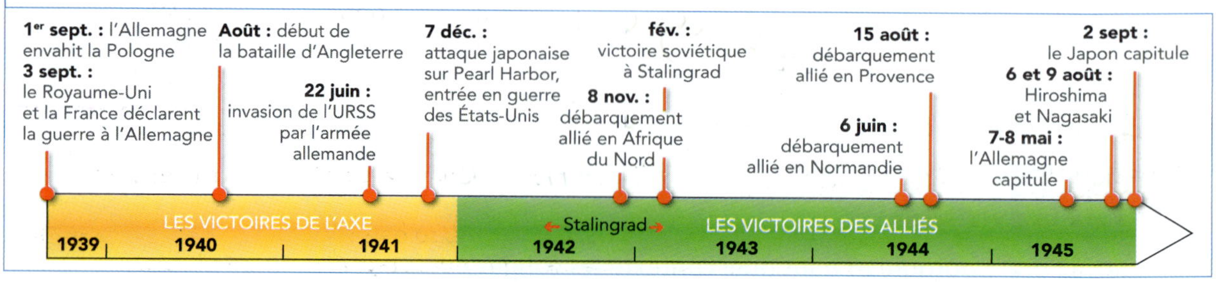

Domaine 1 : Je réalise un récit historique
Domaine 5 : Je sais identifier les sources de conflits et les solidarités d'un moment de l'histoire

Une vaste opération

DOC. 3 Le débarquement de Normandie

Le 6 juin 1944, les forces alliées (essentiellement des soldats américains et britanniques) débarquent sur les côtes normandes et entreprennent la reconquête des territoires occupés par l'Allemagne.

Une intervention décisive

DOC. 4 L'Armée rouge libère l'est de l'Europe

L'armée soviétique a mené la guerre contre les forces de l'Axe sur le front Est. Cette photographie représente des soldats soviétiques hissant le drapeau rouge sur le Reichstag à Berlin en mai 1945.

MENER L'ÉTUDE

1. Citez les pays appartenant aux deux camps : les forces de l'Axe et les Alliés. **(DOC. 1)**

2. Pourquoi cette guerre est-elle qualifiée de « mondiale » ? **(DOC. 1)**

3. Quelles sont les deux grandes phases de la guerre ? **(DOC. 2)**

4. Situez la scène du document 3 sur la carte.

5. Pourquoi la Normandie est-elle un enjeu stratégique ? **(DOCS 1 ET 3)**

6. En quoi consiste le débarquement ? **(DOC. 3)**

7. Pourquoi ce soldat hisse-t-il un drapeau soviétique à cet endroit ? **(DOC. 4)**

Synthèse

Dans un développement structuré, présentez les deux phases de la guerre et les événements marquants de ce conflit.

COURS

En quoi la Seconde Guerre mondiale est-elle une guerre d'anéantissement ?

Une étape meurtrière

DOC. 1 Les premiers massacres des populations dès l'invasion de l'URSS

En même temps que l'armée allemande avance en URSS, dès l'été 1941, des « groupes spéciaux » (Einsatzgruppen) *circulent sur les territoires et exécutent les populations juives. Ils ont fusillé 1,3 million de personnes.*

Une géographie

DOC. 2 L'Europe des camps

Camp de concentration
Centres de mise à mort
Le Grand Reich en 1942
Frontières de 1938

Un témoignage

DOC. 3 La mort par gazage dans les centres de mise à mort

Les malheureux sont amenés dans la halle B, on leur déclare qu'ils doivent prendre un bain et se déshabiller dans ce local. Pour les persuader qu'on les conduit vraiment au bain, deux hommes vêtus de blanc leur remettent à chacun un linge de toilette et un morceau de savon. Puis on les pousse dans la chambre des gaz C. 2 000 personnes peuvent y rentrer, mais chacun ne dispose strictement que de la place pour se tenir debout. Pour parvenir à parquer cette masse dans la salle, on tire des coups de feu répétés afin d'obliger les gens qui y ont déjà pénétré à se serrer. Quand tout le monde est à l'intérieur, on verrouille la lourde porte. On attend quelques minutes, probablement pour que la température dans la chambre puisse atteindre un certain degré, puis des SS revêtus de masques à gaz montent sur le toit, ouvrent les fenêtres et lancent à l'intérieur le contenu de quelques boîtes de fer-blanc : une préparation en forme de poudre. Les boîtes portent l'inscription « Cyklon [1] » […]. En trois minutes, tous les occupants de la salle sont tués. Jusqu'à présent on n'a jamais trouvé à l'ouverture de la chambre des gaz un seul corps qui donnât un signe quelconque de vie […]. On ouvre donc la salle, on l'aère, et le Sonderkommando[2] commence à transporter les cadavres, sur des wagonnets plats, vers les fours d'incinération, où ils sont brûlés.

Témoignage cité dans une lettre de Pitch Bloch à Pierre Vidal-Naquet, revue *Esprit*, septembre 1980.

1. Cyclon ou zyklon B : nom donné au puissant insecticide utilisé dans les chambres à gaz.
2. Commando spécial : équipe, composée de juifs, chargée de vider les chambres à gaz et d'incinérer les cadavres.

Un traumatisme

DOC. 4 NAGASAKI EN RUINE

Le 6 août 1945, les Américains lancent une bombe atomique sur Hiroshima ; le 9 août, la ville de Nagasaki est à son tour bombardée. Ces deux explosions atomiques ont fait près de 300 000 morts et des dizaines de milliers de blessés qui garderont toute leur vie les séquelles des radiations.

Un bilan

DOC. 5 LES PERTES HUMAINES DE LA SECONDE GUERRE MONDIALE (ESTIMATIONS MINIMALES)

	Militaires	Civils	En % de la population de 1939
Pologne	320 000	5 500 000	14
URSS	7 500 000	10 000 000	12
Yougoslavie	410 000	1 400 000	10
Allemagne	3 850 000	3 810 000	7
Japon	1 220 000	700 000	3
Pays-Bas	10 000	200 000	2,5
Grèce	74 000	500 000	2,4
Chine	3 500 000	10 000 000	2,2
France	211 000	330 000	1,5
Royaume-Uni	245 000	150 000	1
Italie	230 000	150 000	1
Canada	42 000	–	0,4
États-Unis	198 000	–	0,2

MENER L'ÉTUDE

1. De quelle manière les Einsatzgruppen agissent-ils ? **(DOC. 1)**

2. Où se trouvent les centres de mise à mort ? **(DOC. 2)** Pourquoi, d'après vous ?

3. Comment les déportés sont-ils tués ? **(DOC. 3)**

4. Pourquoi parle-t-on de mort de masse ? **(DOCS 2, 3 ET 4)**

5. Décrivez ce paysage. **(DOC. 4)**

6. Quelle arme a été utilisée pour provoquer de telles destructions ? **(DOC. 4)**

7. Quels pays ont des pertes civiles supérieures aux pertes militaires ? **(DOC. 5)** Quels pays connaissent la situation inverse ? Comment expliquer ces différences ?

Mots-clés

Camp de concentration : camp où sont enfermées les populations considérées comme ennemies de l'État.

Centre de mise à mort : espace fermé et caché dans lequel la mort est programmée et organisée de façon industrielle.

Génocide : extermination systématique d'un peuple en raison de ses origines ethniques ou religieuses.

Guerre d'anéantissement : guerre dont l'objectif est l'élimination complète de l'ennemi.

Synthèse

Rédigez un paragraphe montrant en quoi la Seconde Guerre mondiale est une guerre d'anéantissement.

TÂCHE COMPLEXE

Hiroshima et Nagasaki

Consigne

En visite officielle au Japon en mai 2016, le président des États-Unis Barack Obama a rendu hommage aux victimes des explosions atomiques d'Hiroshima et de Nagasaki. Journaliste politique, vous devez écrire un article exposant les raisons qui ont poussé les Américains à utiliser les armes atomiques contre le Japon en août 1945, et le traumatisme causé par ces explosions.

Les éléments clés de l'enquête

Une chronologie

★ 7 décembre 1941 : les Japonais bombardent la base militaire de Pearl Harbor, dans le Pacifique. Ce bombardement sans avertissement préalable pousse les États-Unis à déclarer la guerre au Japon et à entrer dans la Seconde Guerre mondiale.

★ 8 mai 1945 : les forces de l'Axe capitulent en Europe, mais la guerre continue dans le Pacifique, le Japon refusant de capituler

★ 6 août 1945 : bombe atomique sur Hiroshima.

★ 9 août 1945 : bombe atomique sur Nagasaki.

★ Les deux bombardements feront plus de 300 000 morts entre 1945 et 1950.

★ 2 septembre 1945 : le Japon capitule, la Seconde Guerre mondiale prend fin.

L'arme atomique

★ Conçue en secret aux États-Unis par les plus grands scientifiques de leur temps – notamment Albert Einstein – dans le cadre du « projet Manhattan », la bombe atomique a été expérimentée dans le désert de Los Alamos, au Nouveau-Mexique, avant d'être larguée sur Hiroshima et Nagasaki en août 1945.

★ Si les États-Unis ont été le premier pays à se doter de l'arme atomique, d'autres puissances – dont la France – l'ont ensuite développée. Elle n'a plus été utilisée contre des populations civiles mais a servi d'arme de dissuasion, notamment au temps de la guerre froide.

DOC. 1 HIROSHIMA VUE PAR LES AMÉRICAINS

Caricature parue dans le Chicago Tribune *du 8 août 1945.*
L'opinion publique américaine a vécu Pearl Harbor comme une « infamie » (selon le terme employé par le président Roosevelt) ; les explosions atomiques d'Hiroshima et de Nagasaki sont donc vues comme une revanche.
« Jap sneak attack » signifie « attaque sournoise des Japonais ».

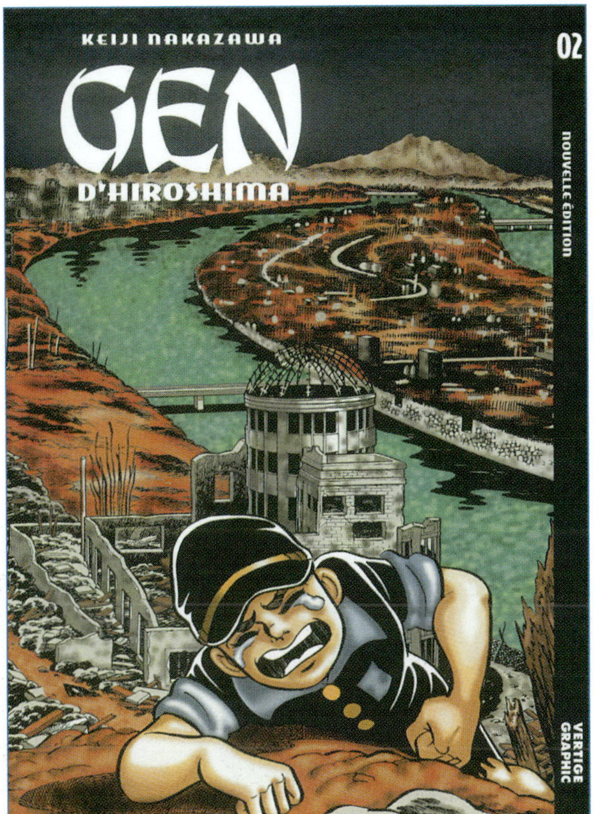

DOC. 2 **AU JAPON, UN TRAUMATISME TOUJOURS PRÉSENT DANS LES MÉMOIRES**

Keiji Nakazawa, Gen d'Hiroshima, *Vertige Graphic, 2004 (édition japonaise en 1975). L'auteur de cette bande dessinée a perdu son père, sa sœur et l'un de ses frères lors du bombardement atomique du 6 août 1945.*

DOC. 3 **HIROSHIMA EN RUINE EN AOÛT 1945**

Le Dôme, visible ici, est le seul bâtiment qui sera conservé lors de la reconstruction de la ville.

QUESTIONS

1 J'observe

1. Décrivez le document 2.

2. Relevez les points communs entre les documents 2 et 3.

3. Comment le dessinateur rend-il compte du traumatisme vécu par les populations ? **(DOC. 2)**

2 Je cherche à comprendre

4. Quand les deux explosions atomiques ont-elles eu lieu ? **(ÉLÉMENTS CLÉS)**

5. En 1945, depuis quand les États-Unis et le Japon sont-ils en guerre ? **(ÉLÉMENTS CLÉS)**

6. Décrivez cette caricature et expliquez-en le sens. **(DOC. 1)**

7. Quelle conséquence les explosions ont-elles eu sur les populations et sur la guerre ? **(ÉLÉMENTS CLÉS)**

3 Je fais la synthèse

Rédigez un article de presse expliquant pourquoi les bombardements atomiques d'Hiroshima et de Nagasaki sont des épisodes clés de l'histoire du XXe siècle.

COURS

À quels choix les Français sont-ils confrontés entre 1940 et 1945 ?

Une géographie

DOC. 1 LA FRANCE COUPÉE EN DEUX APRÈS LA DÉFAITE

Après l'Armistice du 22 juin 1940, la France est divisée en deux zones. La zone dite libre, administrée par l'État français du maréchal Pétain, est à son tour occupée par les forces allemandes à partir de novembre 1942.

Un choix

DOC. 2 LA COLLABORATION

L'entrevue de Montoire (le 24 octobre 1940) entre Hitler et Pétain qui, à la tête du régime autoritaire de Vichy, choisit la collaboration avec l'Allemagne nazie.

Synthèse

Dans un développement construit, en vous aidant des documents, présentez deux choix auxquels les Français ont été confrontés entre 1940 et 1945 : collaborer ou résister.
Vous utiliserez les termes suivants : *Occupation, collaboration, Pétain, Révolution nationale, de Gaulle, Résistance.*

MENER L'ÉTUDE

1. Pourquoi y a-t-il « deux France » entre 1940 et 1942 ? **(DOC. 1)**

2. À qui le chef d'État français serre-t-il la main ? **(DOC. 2)**

3. Quelle signification cette poignée de main a-t-elle ? **(DOC. 2)**

4. Comment cette affiche est-elle construite ? **(DOC. 3)**

5. Dressez la liste des responsables de la défaite française sur cette affiche selon la propagande de Vichy. **(DOC. 3)**

6. Quelles valeurs construiront la France nouvelle selon Pétain ? **(DOC. 3)**

7. Présentez le document 4 (nature, auteur, contexte). **(DOC. 4)**

8. Selon de Gaulle, comment s'explique la défaite ? **(DOC. 4)**

9. Qu'encourage-t-il les Français à faire ? **(DOC. 4)**

Une idéologie

DOC. 3 Affiche de propagande de Vichy

Le maréchal Pétain a obtenu les pleins pouvoirs le 10 juillet 1940 et mis en place le régime autoritaire de Vichy (1940-1944).

Un autre choix

DOC. 4 L'appel à la Résistance du général de Gaulle, 18 juin 1940

A TOUS LES FRANÇAIS

La France a perdu une bataille!
Mais la France n'a pas perdu la guerre!

Des gouvernants de rencontre ont pu capituler, cédant à la panique, oubliant l'honneur, livrant le pays à la servitude. Cependant, rien n'est perdu!

Rien n'est perdu, parce que cette guerre est une guerre mondiale. Dans l'univers libre, des forces immenses n'ont pas encore donné. Un jour, ces forces écraseront l'ennemi. Il faut que la France, ce jour-là, soit présente à la victoire. Alors, elle retrouvera sa liberté et sa grandeur. Tel est mon but, mon seul but!

Voilà pourquoi je convie tous les Français, où qu'ils se trouvent, à s'unir à moi dans l'action, dans le sacrifice et dans l'espérance.

Notre patrie est en péril de mort.
Luttons tous pour la sauver!

VIVE LA FRANCE !

TO ALL FRENCHMEN..
LONG LIVE FRANCE!

C. de Gaulle

GÉNÉRAL DE GAULLE

QUARTIER-GÉNÉRAL,
4, CARLTON GARDENS,
LONDON, S.W.1.

Cette affiche reprend une partie du discours prononcé par Charles de Gaulle le 18 juin 1940. L'appel est relayé par certains journaux encore libres de la France non occupée. Toutefois, seuls quelques milliers de Français rejoindront de Gaulle, alors inconnu du grand public, à Londres en 1940.

Mots-clés

Collaboration : aide apportée à un ennemi ou à un occupant. La collaboration peut prendre plusieurs aspects : collaboration politique, policière, économique, etc.

Résistance : ensemble des hommes et des organisations qui luttent contre l'Allemagne nazie et/ou contre leur propre État collaborant avec l'ennemi.

Révolution nationale : ensemble des idées et des mesures mises en place par Pétain dès juillet 1940 afin de construire une France nouvelle, débarrassée des défauts attribués à la IIIe République, rendue responsable de la défaite.

Régime de Vichy : régime politique autoritaire, réactionnaire, xénophobe et antisémite mis en place par Philippe Pétain à l'été 1940.

MENER L'ENQUÊTE

TÂCHE COMPLEXE

La rafle du Vél'd'Hiv

Consigne

L'affiche d'un film s'étale sur les murs de votre ville. Vous voulez en savoir plus sur «La Rafle», qui évoque une sombre page de l'histoire de France. Vous effectuez une recherche pour comprendre comment l'État français de Vichy a contribué à la déportation des Juifs pendant la Seconde Guerre mondiale.

Les éléments clés de l'enquête

★ **Vichy définit et stigmatise les Juifs**

3-4 octobre 1940 : premier statut des Juifs qui définit ainsi la « race juive » : « Est regardé comme juif toute personne issue de trois grands-parents de race juive ou de deux grands-parents de la même race, si son conjoint lui-même est juif ». En application de cette loi, les enseignants juifs doivent cesser leurs fonctions ainsi que les officiers et les fonctionnaires d'autorité.

2 juin 1941 : second statut des Juifs qui dresse une longue liste des fonctions et métiers interdits aux Juifs.

À partir de juin 1942, le port de l'étoile jaune est obligatoire pour tout Juif âgé de plus de 6 ans.

★ **Dans le cadre de la Révolution nationale et de la collaboration d'État, le régime de Vichy stigmatise les Juifs, les isole, les interne et les livre aux Nazis, qui les déportent vers les centres de mise à mort.**

La rafle du Vel' d'Hiv (pour « vélodrome d'hiver », un stade de course cycliste) : les 16 et 17 juillet 1942, à Paris, la police française arrête à leur domicile 13 000 personnes fichées comme juives, dont 4 051 enfants. Retenues pendant plusieurs jours dans le Vel' d'hiv dans des conditions abominables (ni eau, ni nourriture, ni sanitaires), elles seront ensuite déportées dans le camp de Drancy avant d'être envoyées à Auschwitz, où la plupart mourront, victimes de la « Solution finale » mise en place par l'Allemagne de Hitler.

DOC. 1 UN ENFANT PORTE L'ÉTOILE JAUNE

DOC. 2 LA DÉPORTATION DES ENFANTS, UNE INITIATIVE FRANÇAISE

Le président Laval [chef du gouvernement de Vichy] a proposé, à l'occasion de la déportation des familles juives de la zone non occupée, de déporter également les enfants de moins de 16 ans. Le problème des enfants juifs restant en zone occupée ne l'intéressant pas. Je demande donc d'urgence une décision du Führer [Hitler] permettant aussi la déportation des enfants âgés de moins de 16 ans [...].

Note du 6 juillet 1942 de Dannecker à Berlin, archives du Centre de documentation juive contemporaine.

SOCLE Compétences

Domaine 1 : Je me pose des questions et je justifie mes réponses
Domaine 5 : Je construis ma citoyenneté par la compréhension de moments de l'histoire

DOC. 3 AFFICHE DU FILM *LA RAFLE*

La Rafle *est un film dramatique et historique écrit et réalisé par Rose Bosch, sorti au cinéma en 2010.*

QUESTIONS

1 J'observe

1. Pourquoi peut-on affirmer que la scène se déroule à Paris ? **(DOC. 3)**

2. Quel signe permet d'identifier les enfants comme Juifs ? **(DOC. 1, DOC. 3 ET ÉLÉMENTS CLÉS)**

3. Que symbolisent les objets abandonnés sur les pavés ? **(DOC. 3)**

4. Qui s'en prend aux enfants ? **(DOC. 3)**

2 Je confronte et je croise les informations

5. Pourquoi peut-on dire que le régime de Vichy était antisémite ? **(DOC. 1, DOC. 2 ET ÉLÉMENTS CLÉS)**

6. À quelle rafle ce film fait-il allusion ? **(ÉLÉMENTS CLÉS DE L'ENQUÊTE)**

7. À qui ce policier obéit-il en agissant ainsi ? **(DOCS 2 ET 3)**

3 Je fais la synthèse

Faites une présentation orale exposant les responsabilités de l'État français de Vichy dans la déportation des Juifs durant la Seconde Guerre mondiale.

Comment résister pendant la Seconde Guerre mondiale ?

De grandes figures

DOC. 1 Le général de Gaulle rend hommage à l'action de Jean Moulin

Au mois d'octobre 1941, j'appris la présence à Lisbonne de Jean Moulin, arrivé de France et qui cherchait à venir à Londres. Je savais qui il était. Je savais, en particulier, que préfet d'Eure-et-Loir lors de l'entrée des Allemands à Chartres, il s'était montré exemplaire de fermeté et de dignité, que l'ennemi après l'avoir malmené, blessé, mis en prison, l'avait finalement libéré avec ses excuses et ses salutations, que Vichy l'ayant remplacé à son poste, le tenait, depuis, à l'écart. […]

Dans le courant de décembre, j'eus avec lui de longs entretiens. Jean Moulin, avant d'aller à Londres, avait pris de nombreux contacts avec chacun des mouvements de résistance et, d'autre part, sondé divers milieux politiques, économiques et administratifs. Il connaissait le terrain sur lequel, de prime abord, je projetais de l'engager. Il faisait des propositions nettes et formulait des demandes précises.

[…] Moulin devait, en dix-huit mois, accomplir une tâche capitale. La résistance dans la Métropole où ne se dessinait encore qu'une unité symbolique, il allait l'amener à l'unité pratique. Ensuite, trahi, fait prisonnier, affreusement torturé par un ennemi sans honneur, Jean Moulin mourrait pour la France […].

Charles de Gaulle, *Mémoires de guerre, L'Appel, 1940-1942*, 1954.

Une mobilisation

DOC. 2 Affiche émise par la France libre (Afrique du Nord, 1942)

On appelle « France libre » les forces françaises qui résistent à Vichy et à l'Allemagne, depuis l'Afrique du Nord ou depuis Londres autour du général de Gaulle.

Mot-clé

Résistance : ensemble des hommes et des organisations qui luttent contre l'Allemagne nazie et/ou contre leur propre État collaborant avec l'ennemi. On distingue la Résistance intérieure, qui se déroule sur les territoires de la France occupée, de la Résistance extérieure, qui se déroule hors de Métropole (on parle aussi de « France libre »).

Charles de Gaulle (1890-1970)

Jean Moulin (1899-1943)

Une victoire

DOC. 3 Affiche belge célébrant la victoire en 1945

Une organisation

DOC. 4 Les Forces françaises de l'intérieur (FFI)

Les FFI rassemblaient les principaux groupements militaires de la Résistance en France.

L'action immédiate peut se diviser en trois catégories principales :

1) Action contre les traîtres, les agents doubles, les mouchards, la Gestapo[1] et auxiliaires (Milice, LVF, etc.). Ce genre d'action a principalement pour but de priver l'ennemi de son appareil de délation et de répression. Elle doit être le fait de l'ensemble des FFI et, éventuellement, d'équipes spéciales appuyées par un service de contre-espionnage, surveillant la Gestapo, détectant ses agents et ses aides, renseignant sur leurs habitudes, etc.

2) Sabotage de la machine de guerre ennemie :
a) action contre les moyens de transport : voies ferrées, canaux, transports routiers
b) action contre les transmissions
c) action contre les usines et les fabrications de guerre, contre les productions et transports d'énergie. [...]

3) Action générale de guérilla contre l'ennemi (unités isolées, états-majors, etc.) et ses dépôts d'armes et de vivres de combustibles, etc.

Ces actions seront le fait de groupes francs, bien commandés et bien armés, très mobiles, dont le nombre devra être régulièrement développé et l'entraînement poussé au plus haut degré.

Extrait de la directive de la Commission d'action militaire du CNR, direction politique des FFI, 19 mars 1944.

1. Gestapo : police politique de l'Allemagne de Hitler.

MENER L'ÉTUDE

Équipe 1 – La Résistance française

1. Présentez l'auteur et la nature du texte. **(DOC. 1)**

2. Quels rôles a joué Jean Moulin dans la Résistance ? **(DOC. 1)**

3. Quel prix a-t-il payé pour son action ? **(DOC. 1)**

4. Quelles organisations armées sont au cœur de la Résistance française ? **(DOCS 2 ET 4)**

5. Quelles actions les FFI doivent-elles mettre en œuvre ? **(DOC. 4)**

Équipe 2 – La Résistance en Europe

1. Présentez le document 2.

2. Décrivez l'affiche : quelle image de la Résistance veut-elle donner ? **(DOC. 2)**

3. Présentez le document 3 et identifiez les pays qui sont représentés par les drapeaux ou les symboles. **(DOC. 3)**

4. Quel message cette affiche veut-elle faire passer ? **(DOC. 3)**

Synthèse

À l'oral, un élève de chaque groupe présente à la classe le résultat des travaux de son équipe.

L'essentiel à retenir

Problématique → **Comment les crises ont-elles modifié les sociétés européennes entre 1914 et 1945 ?**

1 Civils et militaires dans la Première Guerre mondiale

❑ La Première Guerre mondiale constitue une terrible épreuve pour les sociétés européennes. Débuté à l'été 1914, le conflit européen devient progressivement **mondial**. La guerre, qui mobilise les civils comme les militaires, fera plus de 10 millions de morts. **Combattants et civils subissent des violences extrêmes**, dont témoigne particulièrement le **génocide** arménien.

2 La Seconde Guerre mondiale, une guerre d'anéantissement

❑ Les **violences de masse** et la **volonté d'anéantissement** de l'adversaire caractérisent la Seconde Guerre mondiale. **Les Juifs et les Tziganes sont victimes de génocides**, les villes bombardées et les populations déplacées caractérisent ce conflit qui atteint des degrés de violence sans précédent.

❑ Cette **guerre totale aux dimensions planétaires**, qui dure de 1939 à 1945, fera plus de 50 millions de morts. Elle modifie durablement l'équilibre des puissances en Europe et dans le monde.

3 La France défaite et occupée. Régime de Vichy, collaboration, Résistance

❑ Entrée en guerre en septembre 1939, la France est vite vaincue par l'armée allemande. **Son territoire – d'abord sa partie nord, puis sa totalité – est occupé** pendant quatre longues années. Le maréchal Pétain met un terme à la République et instaure le **régime autoritaire de Vichy (1940-1944), qui s'engage dans la voie de la collaboration avec l'Allemagne nazie**.

❑ Les **résistances** s'opposent par des actions civiles et militaires à l'occupation nazie et au régime de Vichy, souvent au prix de leur vie. Résistance intérieure et résistance extérieure contribueront à la victoire des forces alliées sur celles de l'Axe en 1944 et 1945.

Schéma de synthèse

L'Europe, un théâtre majeur des guerres totales 1914-1945

Mobilisation de toutes les ressources d'une société : démographie, économie, propagande …

Volonté d'anéantissement de l'adversaire : massacres, bombardements, génocides …

GUERRE TOTALE

Bilan humain très lourd :
- Première Guerre mondiale : 10 millions de morts
- Seconde Guerre mondiale : Plus de 50 millions de morts
- Populations traumatisées

Démocraties fragilisées ou renversées

Régimes totalitaires (Allemagne, URSS, Italie)

↕

Résistances civiles et militaires

Schéma à compléter
liennathan.fr/8hs75t

Mots-clés

Collaboration : aide apportée à un ennemi ou à un occupant. La collaboration peut prendre plusieurs aspects : politique, policier, économique, etc.

Génocide : extermination systématique d'un peuple en raison de ses origines ethniques ou religieuses.

Guerre d'anéantissement : guerre dont l'objectif est l'élimination complète de l'ennemi.

Guerre totale : guerre dans laquelle l'ensemble des ressources humaines, économiques et culturelles d'un pays sont mobilisées pour combattre l'ennemi.

Régime totalitaire : régime politique dans lequel l'État contrôle, par l'usage de la violence, la vie politique, l'organisation économique et sociale ainsi que la vie culturelle.

Résistance : ensemble des hommes et des organisations qui luttent contre l'Allemagne nazie et/ou contre leur propre État qui collabore avec l'ennemi.

THÈME
2 Le monde depuis 1945

LES ENJEUX

❑ Le monde a connu de nombreux bouleversements depuis 1945. Après l'effondrement des empires coloniaux, de nouveaux États sont apparus et ont tenté de s'affirmer sur la scène internationale. Entre 1947 et la fin des années 1980, le monde a vécu au rythme de la guerre froide, tandis que l'Europe se construisait progressivement. Depuis 1989 et l'éclatement du bloc communiste, de nouvelles rivalités et de nouveaux types de conflits marquent les relations internationales, dans un monde toujours en quête de stabilité.

Problématique → **Quels bouleversements ont marqué le monde et les relations internationales depuis 1945 ?**

UNE RÉGION SOUS HAUTE TENSION, LE PROCHE-ORIENT

Le conflit israélo-palestinien qui a éclaté en 1948 n'est toujours pas réglé aujourd'hui ; il résulte de tensions à la fois politiques, religieuses et territoriales. Le mur érigé par l'État d'Israël, à partir de 2001, entre Israël et la Cisjordanie, est le symbole de l'incompréhension entre Israël et ses voisins arabes.

CONTEXTUALISATION

Les caractéristiques du monde bipolaire au lendemain de la Seconde Guerre mondiale

pp. 40-41

CONTEXTUALISATION

L'émergence de nouveaux États

pp. 42-43

SOUS-THÈME 1

Affirmation et mise en œuvre du projet européen

* Quelles sont les grandes étapes de la construction européenne ?
* Quels grands débats ont animé la construction européenne ?

pp. 44 à 49

SOUS-THÈME 2

Enjeux et conflits dans le monde après 1989

* Quels sont les nouveaux rapports de force depuis 1989 ?
* Quels sont les conflits et les menaces qui pèsent sur notre monde ?

pp. 50 à 55

Capacités

L'étude permet à l'élève :
– d'identifier un ou deux enjeux de la construction européenne et une étape importante ;
– de comprendre l'intérêt de l'intégration de la France dans l'UE à partir d'un exemple concret ;
– de citer un exemple de conflit contemporain en le caractérisant dans ses grandes lignes.

Compétences

- Mettre en relation des faits d'une époque ou d'une période donnée
- Vérifier des données et des sources
- Trouver, sélectionner, exploiter des informations

Repères

- Création de l'ONU : 1945
- Traité de Rome : 1957
- L'euro : 2002
- Chute du mur de Berlin : 1989

REPÈRES

DOC. 1 LE TEMPS DES INDÉPENDANCES

1. Un contexte favorable aux indépendances
- Les deux Grands, hostiles au colonialisme
- Les puissances coloniales, affaiblies par la Seconde Guerre mondiale

2. Accession à l'indépendance
- entre 1945 et 1955
- entre 1956 et 1965
- après 1965
- Guerre d'indépendance

3. L'affirmation des nouveaux États sur la scène internationale
- Les principales conférences internationales
- Les limites du tiers-monde

1. Dans quelle région du monde les premières indépendances ont-elles eu lieu ?
2. Les indépendances sont-elles toutes issues d'une guerre ?
3. À quels continents appartiennent les pays du tiers-monde ?

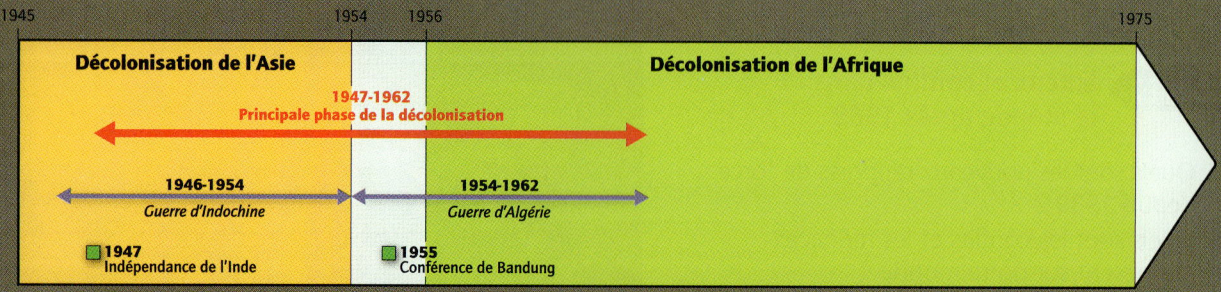

DOC. 2 Le monde au temps de la guerre froide

1. Quels sont les deux camps qui s'affrontent ?
2. Quelle était la situation de l'Europe au temps de la guerre froide ?
3. Citez deux crises liées à la guerre froide.

DOC. 3 Un monde conflictuel aujourd'hui

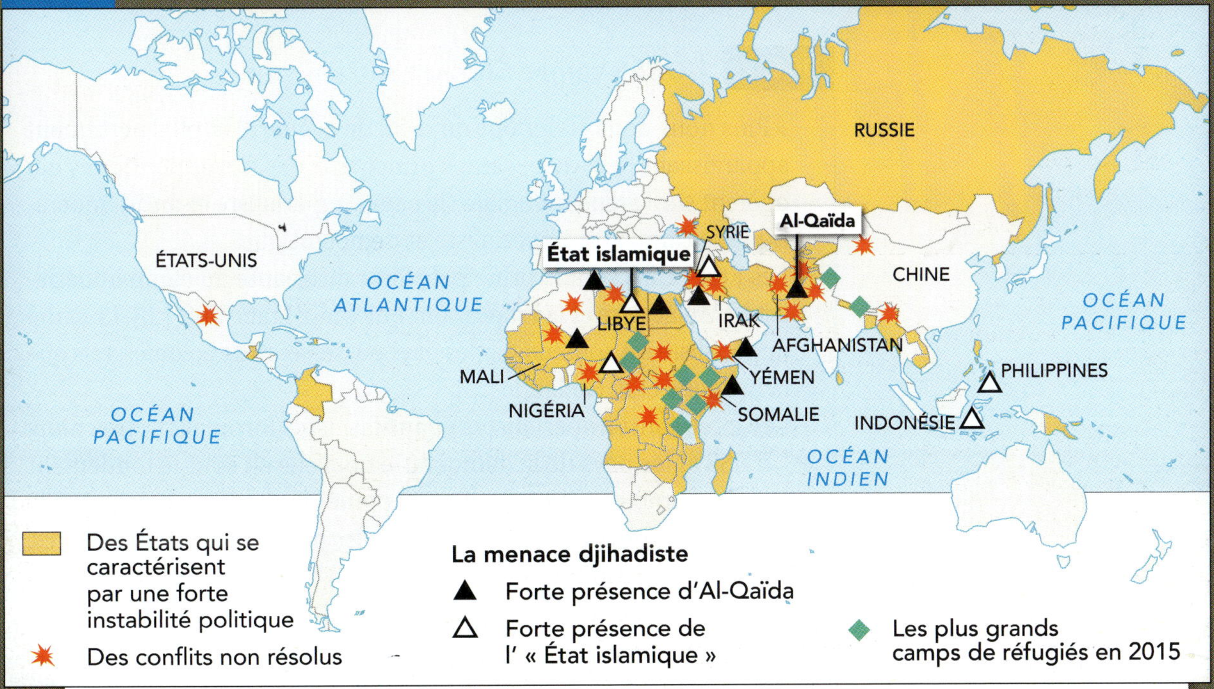

1. Quelles sont les régions du monde les plus instables ?
2. Quelles sont les conséquences de cette instabilité sur les populations civiles ?

CONTEXTUALISATION

Les caractéristiques du monde bipolaire au lendemain de la Seconde Guerre mondiale

Une guerre idéologique

DOC. 1 La doctrine Truman

« À ce moment précis de l'histoire du monde, presque toutes les nations se trouvent placées devant le choix de deux modes de vie. Et trop souvent ce choix n'est pas un libre choix. L'un de ces modes de vie est fondé sur la volonté de la majorité. Ses principaux caractères sont des institutions libres, des gouvernements représentatifs, des élections libres, des garanties données à la liberté individuelle, à la liberté d'expression et de culte et à l'absence de toute oppression politique. Le second mode de vie est basé sur la volonté d'une minorité imposée à la majorité. Il s'appuie sur la terreur et l'oppression, sur une radio et une presse contrôlées, sur des élections dirigées et sur la suppression de la liberté personnelle. [...] Les peuples libres du monde attendent de nous que nous les aidions à sauvegarder leurs libertés. Je crois que nous devons aider les peuples libres à forger leur destin, à maintenir la liberté des États du monde et à les protéger de l'avancée communiste. »

Discours de Harry Truman, président des États-Unis, devant le Congrès, 12 mars 1947.

DOC. 2 L'URSS contre « le camp impérialiste »

« Plus nous nous éloignons de la fin de la guerre et plus nettement apparaissent [les] deux camps principaux des forces politiques qui opèrent sur l'arène mondiale : le camp impérialiste et antidémocratique, le camp anti-impérialiste et démocratique.
Les États-Unis sont la principale force dirigeante du camp impérialiste. L'Angleterre et la France sont unies aux États-Unis [...]. Le camp impérialiste est soutenu par les pays possesseurs de colonies, tels que la Belgique et la Hollande [...].
Les forces anti-impérialistes et antifascistes forment l'autre camp. L'URSS et les pays de la démocratie nouvelle en sont le fondement [...]. Le camp anti-impérialiste s'appuie dans tous les pays sur le mouvement ouvrier et démocratique, les partis communistes frères, sur les combattants des mouvements de libération nationaux dans les pays coloniaux [...]. »

Discours d'Andreï Jdanov, l'un des principaux dirigeants de l'URSS, en octobre 1947.

Un monde divisé

DOC. 3 L'Europe divisée

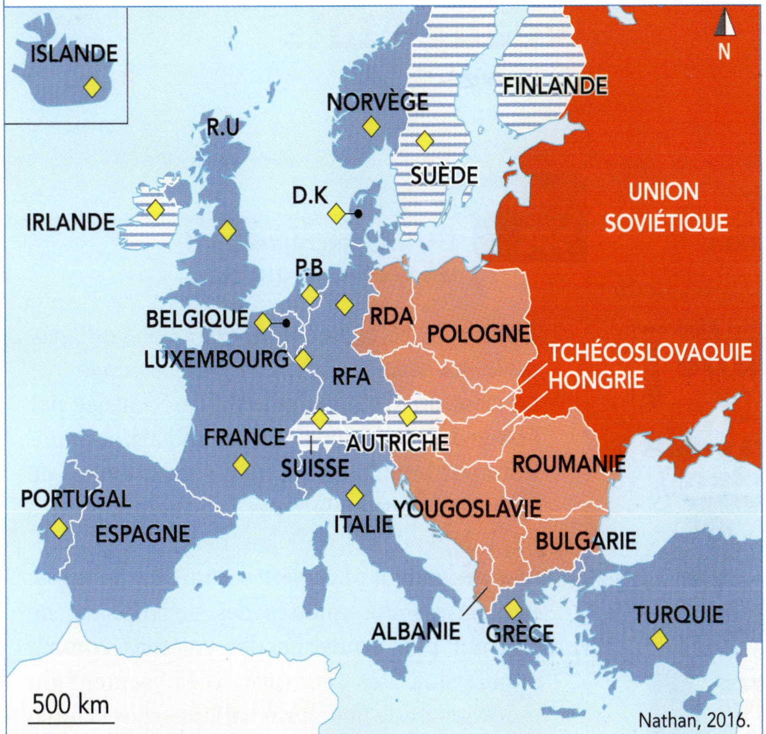

Le bloc occidental
- États alliés des États-Unis
- États bénéficiaires du plan Marshall

Le bloc communiste
- Union soviétique
- États alliés de l'Union soviétique
- États « neutres », suivant en réalité le modèle occidental

DOC. 4 La crise de Cuba en 1962

Caricature parue dans le Daily Mail *du 29 octobre 1962.*
1 N. Khrouchtchev, dirigeant de l'URSS. 2 J. F. Kennedy, président des États-Unis. 3 L'arme atomique.
En 1962, le monde est au bord d'une guerre mondiale lorsque les États-Unis découvrent que l'URSS s'apprête à installer des missiles atomiques à Cuba, menaçant ainsi la sécurité du territoire américain.

MENER L'ÉTUDE

1. Qui est Truman ? Selon lui, quels sont les deux camps et qu'est-ce qui les oppose ? **(DOC 1)**

2. Qui est Jdanov ? Selon lui, quels sont les deux camps et qu'est-ce qui les oppose ? **(DOC 2)**

3. Où se situent les États européens alliés des États-Unis ? Où se situent les États européens du bloc communiste ? **(DOC 3)**

4. Décrivez cette affiche. Quels risques pèsent sur le monde durant cette crise ? **(DOC 4)**

L'émergence de nouveaux États

Une révolte

DOC. 1 La lutte du Front de libération nationale (FLN) en Algérie

pages : Reportage photographique sur les attentats dans l'Algérois

La Dépêche Quotidienne

La Presse Algérienne — Mardi 2 Novembre 1954

A la même heure (1 h. 15), dans la nuit de dimanche à lundi

les terroristes ont opéré en divers points du territoire algérien

8 morts, graves incendies à la Coopérative de Boufarik, à la Cellunaf de Baba-Ali, aux dépôts de liège d'Azazga et de Camp-du-Maréchal

A ALGER, les dépôts de pétrole Mory et Radio-Algérie également visés

Nombreux sabotages notamment en KABYLIE et dans le Constantinois où les lignes télégraphiques et téléphoniques ont été coupées

Les victimes

Trois compagnies de C.R.S. et trois bataillons de parachutistes envoyés par avion de la Métropole

Reportage photographique S. ROLANDO Fils

Une de La Dépêche Quotidienne *du 2 novembre 1954. Entre 1954 et 1962, le FLN a lutté pour l'indépendance de l'Algérie. Il a notamment agi par les armes, commettant des attentats et des coups de force contre les Français d'Algérie.*

Un soutien

DOC. 2 L'URSS encourage les décolonisations

Comme l'ONU et les États-Unis, l'URSS est favorable aux décolonisations, qu'elle encourage.

La crise du système [colonial], accentuée par l'issue de la Seconde Guerre mondiale, se manifeste par le puissant essor du mouvement de libération nationale dans les colonies et les pays dépendants. [...] Les peuples des colonies ne veulent plus vivre comme par le passé. Les classes dominantes des métropoles[1] ne peuvent plus gouverner les colonies comme auparavant. Les tentatives d'écrasement du mouvement de libération nationale par la force militaire se heurtent maintenant à la résistance armée croissante des peuples des colonies et conduisent à des guerres coloniales de longue durée : Pays-Bas en Indonésie, France au Vietnam.

Rapport Jdanov, « Pour une paix durable, pour une démocratie populaire », 1er novembre 1947.

1. « Métropoles » est employé ici au sens de « pays colonisateurs ».

Mots-clés

Décolonisation : processus par lequel un pays colonisé acquiert son indépendance.

Indépendance : situation caractérisant un pays libre et disposant de son entière souveraineté.

MENER L'ÉTUDE

1. Décrivez cette une. Comment rend-elle compte d'un état de guerre ? **(DOC. 1)**

2. Quelles sont les deux parties en présence dans cette guerre ? **(DOC. 1)**

3. De quelle manière Jdanov justifie-t-il les guerres d'indépendance ? **(DOC. 2)**

4. Quels éléments de cette scène montrent que l'indépendance du Kenya a été obtenue par des négociations pacifiques ? **(DOC. 3)**

5. Présentez ce document. De quelle guerre d'indépendance est-il ici question ? **(DOC. 4)**

6. Pour ce journal communiste, quelle doit être la suite logique de la défaite militaire française à Diên Biên Phu ? **(DOC. 4)**

Une négociation

DOC. 3 L'indépendance du Kenya

Le 14 décembre 1963, en présence du duc d'Édimbourg (représentant de l'ancienne puissance coloniale anglaise), Jomo Kenyatta (Premier ministre et bientôt premier président de l'histoire du pays) présente à la foule les actes de l'indépendance du Kenya.

Une guerre

DOC. 4 La guerre d'Indochine

l'Humanité

ORGANE CENTRAL DU PARTI COMMUNISTE FRANÇAIS

JEAN JAURES
VAILLANT-COUTURIER
MARCEL CACHIN

SAMEDI 8 MAI 1954

15 FR

Sept succès pour les salaires

- Chez Gervais (Bobigny)
- A la G.B.C. (Saint-Denis)
- Chez les brasseurs (Limoges)
- Chez les ouvriers de la boucherie (Marseille)
- A la M. A. F. O. (Ivry)
- A la S. C. E. T. A. (Lyon)
- Chez D. O. P. (à Thouars)

(Voir en page 6)

APRÈS HUIT SEMAINES DE SANGLANTS COMBATS

DIEN-BIEN-PHU EST TOMBÉ

Il serait criminel de ne pas engager immédiatement, à Genève, des pourparlers pour

UN CESSEZ-LE-FEU EN INDOCHINE !

Ils préfèrent la Wehrmacht à la sécurité européenne...

Dans une note à l'U.R.S.S. les Trois repoussent les propositions soviétiques pour la consolidation de la paix (VOIR NOS INF. PAGE 3)

C'est à 16 h. 40, hier après-midi, qu'est parvenue, à Paris, la nouvelle officielle de la chute du camp retranché de Dien-Bien-Phu.

Interrompant le débat qui se déroulait devant l'Assemblée nationale, le président du Conseil, Joseph Laniel, a déclaré à la tribune : « Le gouvernement vient d'apprendre que le réduit central de Dien-Bien-Phu est tombé après 20 heures de combats ininterrompus. »

Une de L'Humanité du 8 mai 1954.
Le journal communiste rend compte de la chute de Diên Biên Phu (7 mai 1954), un tournant dans la guerre d'Indochine (1946-1954).

Synthèse

Rédigez un court paragraphe répondant à la problématique suivante : comment les nouveaux États ont-ils émergé ?
Vous présenterez, dans un premier temps, le contexte qui a permis et favorisé les indépendances, puis vous montrerez que ces indépendances ont été obtenues de deux manières différentes.

Quelles sont les grandes étapes de la construction européenne ?

Une réalisation concrète

DOC. 1 La Communauté européenne du charbon et de l'acier (CECA)

« En se faisant depuis plus de vingt ans le champion d'une Europe unie, la France a toujours eu pour objet essentiel de servir la paix. L'Europe n'a pas été faite, nous avons eu la guerre. L'Europe ne se fera pas d'un coup, ni dans une construction d'ensemble : elle se fera par des réalisations concrètes créant d'abord une solidarité de fait. Le rassemblement des nations européennes exige que l'opposition [...] de la France et de l'Allemagne soit éliminée. L'action entreprise doit toucher au premier chef la France et l'Allemagne.

Dans ce but, le gouvernement français [...] propose de placer l'ensemble de la production franco-allemande de charbon et d'acier sous une Haute Autorité commune, dans une organisation ouverte à la participation des autres pays d'Europe.

[...] La solidarité de production qui sera ainsi nouée manifestera que toute guerre entre la France et l'Allemagne devient non seulement impensable, mais matériellement impossible. »

Déclaration de Robert Schuman, ministre des Affaires étrangères français, 9 mai 1950.

Une réalisation majeure

DOC. 2 La Communauté économique européenne (CEE)

Affiche italienne de 1957 célébrant la décision de créer un marché commun européen (Traité de Rome, 1957).

MENER L'ÉTUDE

1. Quels sont les buts de la CECA pour Robert Schuman ? **(DOC. 1)**

2. En quoi consiste le rapprochement entre la France et l'Allemagne ? Expliquez le passage souligné. **(DOC. 1)**

3. Quelle démonstration l'auteur de l'affiche veut-il faire ? **(DOC. 2)**

4. Que représentent les personnages et les noms qui apparaissent sur l'image ? **(DOC. 3)**

5. Qu'a voulu montrer ce dessinateur ? **(DOC. 3)**

6. Quels ont été les premiers partenaires de la construction europénne ? **(DOCS 2 ET 4)**

7. Dans quelle direction l'Europe s'est-elle agrandie dans les années 1990 et 2000 ? **(DOC. 4)**

Mot-clé

Construction européenne : ensemble des initiatives et des réalisations qui marquent le rapprochement économique et politique entre les États d'Europe.

Synthèse

Présentez à l'oral les grandes étapes de la construction européenne, en respectant un ordre chronologique.

SOCLE Compétences

Domaine 1 : Je m'exprime et j'argumente à l'oral de façon claire et argumentée
Domaine 5 : Je comprends comment le passé éclaire le présent

Une étape

DOC. 3 Les premières élections au suffrage universel du Parlement européen

Caricature de Fritz Behrendt parue dans la Frankfurter Allgemeine Zeitung *le 9 juin 1979.*

Une géographie

DOC. 4 De l'Europe des 12 à celle des 27

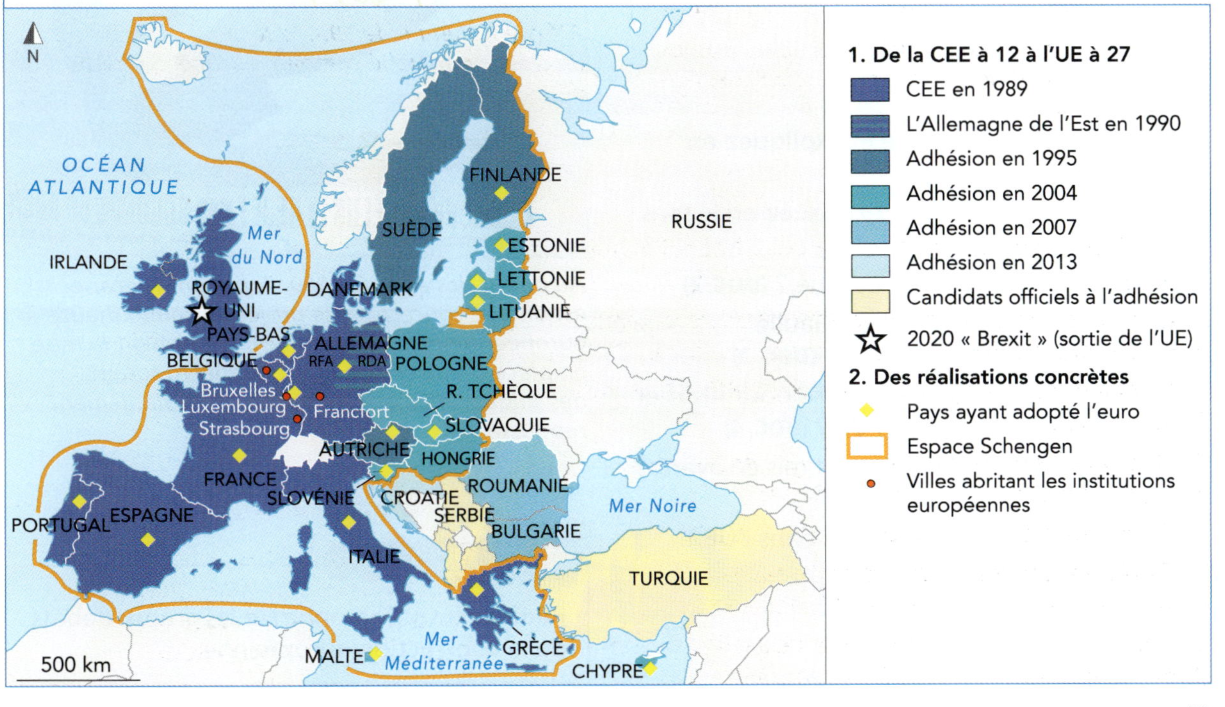

Quels grands débats ont animé la construction européenne ?

Une séparation

DOC. 1 La Grande-Bretagne refuse la CECA

Caricature de Woop parue dans L'Aurore *le 14 juin 1950.*
« Eh bien ! on va continuer le voyage sans lui. »

Un échec

DOC. 2 Affiche contre la CED (1953)

Au début des années 1950, l'opinion française est divisée concernant le projet de communauté européenne de défense (CED), qui prévoit la mise en place d'une armée européenne intégrant des soldats allemands. Le projet sera finalement repoussé.

MENER L'ÉTUDE

1. Décrivez cette caricature et expliquez-en le sens. **(DOC. 1)**

2. Décrivez cette affiche et expliquez-en le sens. **(DOC. 2)**

3. Pourquoi la CED a-t-elle échoué ? **(DOC. 2)**

4. Quelle vision de l'Europe de Gaulle rejette-t-il ? Laquelle défend-il ? **(DOC. 3)**

5. Quel argument visuel est utilisé pour justifier l'entrée de la Turquie dans l'UE ? **(DOC. 4)**

6. Quels arguments textuels sont mis en avant ? **(DOC. 4)**

7. La Turquie a-t-elle été admise dans l'UE ? **(DOC. 4 ET CARTE P. 45)**

Synthèse

Rédigez un paragraphe sur les grands débats de la contruction européenne.

Domaine 1 : J'explique à l'écrit de façon claire et organisée
Domaine 2 : Je comprends le sens général d'un document et son point de vue particulier

Une vision

DOC. 3 Le souverainisme de De Gaulle

« Construire l'Europe, c'est-à-dire l'unir, c'est, évidemment, quelque chose d'essentiel. [...] Quels sont les piliers sur lesquels on peut la bâtir ? En vérité, ce sont les États. Des États qui sont, certes, très différents les uns des autres, qui ont, chacun, son âme à lui, son histoire à lui, sa langue à lui, ses malheurs, ses gloires et ses ambitions à lui. Mais des États qui sont les seules entités qui aient le droit d'ordonner et le pouvoir d'être obéis. Se figurer qu'on peut bâtir quelque chose qui soit efficace pour l'action et qui soit approuvé par les peuples en dehors, au-dessus des États, c'est une chimère. [...] Assurer la coopération régulière des États de l'Europe occidentale, c'est ce que la France considère comme étant souhaitable, comme étant possible et comme étant pratique dans le domaine politique, dans le domaine économique, dans le domaine culturel et dans celui de la défense. »

Conférence de presse de Charles de Gaulle, président de la République, 5 septembre 1960.

Un débat

DOC. 4 La Turquie candidate à l'entrée dans l'UE

Campagne publicitaire de la Turquie diffusée dans la presse européenne.

Mots-clés

Souverainisme : mouvement politique qui défend la souveraineté des États, c'est-à-dire le principe selon lequel un État doit exercer son autorité pleine et entière et refuser le principe de supranationalité.

Supranationalité : principe par lequel les États transfèrent une partie de leur souveraineté à des institutions communes dont ils doivent ensuite suivre les décisions.

TÂCHE COMPLEXE

L'euro, une monnaie pour l'Europe

Consigne

Vous avez toujours utilisé l'euro comme monnaie courante, mais cela n'a pas été le cas de vos parents. Vous vous demandez quand, pourquoi et comment l'euro a remplacé le franc et a été adopté par 19 pays de l'Union européenne. Préparez une note de synthèse sur ce sujet.

Les éléments clés de l'enquête

★ 1992 : le traité de Maastricht transforme la CEE en Union européenne et décide la mise en place d'une union monétaire entre les États membres.

★ 1999 : l'euro entre en vigueur dans les transactions financières européennes (il n'est pas encore à l'usage des particuliers).

★ 1er janvier 2002 : apparition des pièces et des billets en euros qui remplacent les monnaies nationales de 12 pays (dont la France).

★ 2002-2016 : 7 nouveaux pays adoptent l'euro.

★ Avec 19 États en 2021, la « zone euro » ne correspond donc pas à l'Union européenne (qui compte 27 États).

DOC. 1 Les Français passent à l'euro

« Avec l'arrivée de l'euro, nous allons vivre dans quelques heures un moment historique : 300 millions d'Européens partageront désormais la même monnaie. C'est l'Europe qui avance. C'est l'Europe qui progresse.

[...] L'euro est une victoire de l'Europe. Après un siècle de déchirements, de guerres, de tâtonnements, voici que, dans la paix, l'unité et la stabilité, notre continent affirme enfin son identité et sa puissance ! Nous pouvons en être fiers, car c'est aussi un succès pour tous les Français, la récompense des efforts qu'ils ont consentis. [...] Mais vous le savez bien, il ne s'agit pas seulement de remplacer nos francs par des euros. L'euro, c'est une chance d'avenir supplémentaire pour la France et les Français. Et c'est aussi une nouvelle façon d'être en Europe, de vivre l'Europe, une Europe du quotidien qui doit devenir pleinement celle des citoyens. »

Jacques Chirac, président de la République, dans son discours aux Français du 31 décembre 2001.

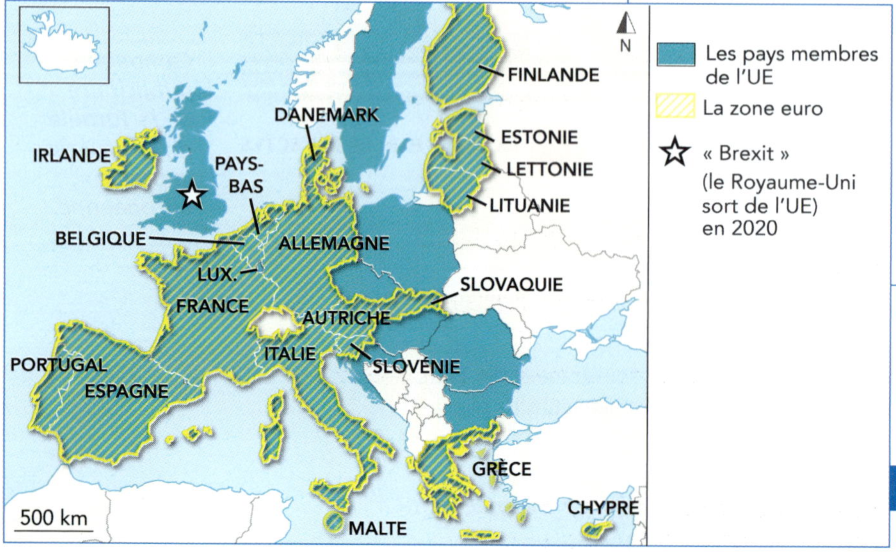

DOC. 2 La zone euro

SOCLE Compétences

Domaine 1 : Je m'exprime à l'écrit pour raconter, décrire et argumenter
Domaine 2 : Je comprends le sens général d'un document et son point de vue particulier

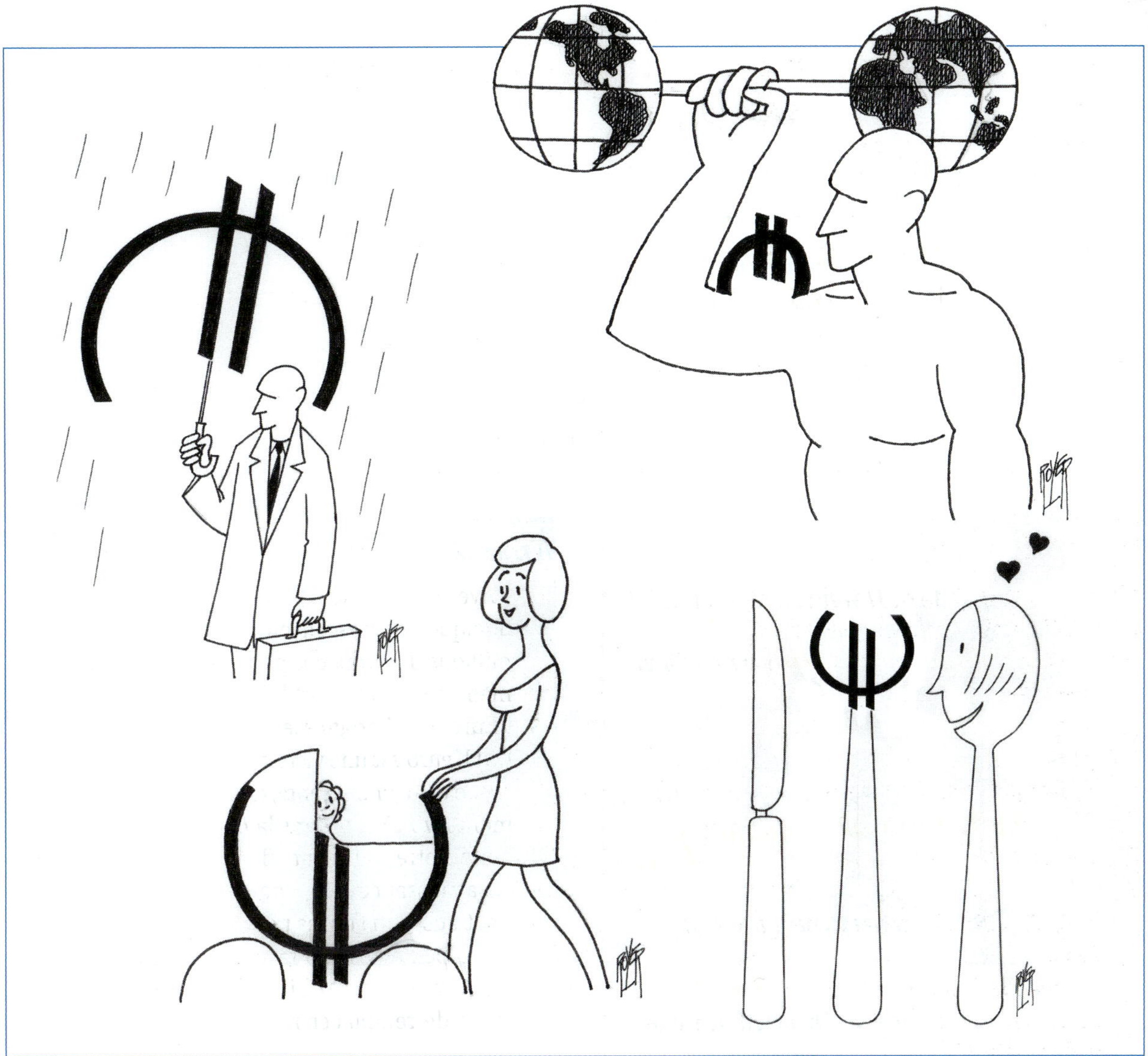

DOC. 3 DES CARICATURES POUR L'EURO

QUESTIONS

1 J'observe

1. Décrivez chaque dessin. **(DOC. 3)**

2. Choisissez un des dessins et exposez l'argument en faveur de l'euro qu'il résume. **(DOC. 3)**

2 Je cherche à comprendre

3. Quand les premiers pays d'Europe ont-ils utilisé l'euro comme monnaie à usage courant ? **(ÉLÉMENTS CLÉS)**

4. À quelle date décisive le président Chirac prononce-t-il ce discours ? **(DOC. 1 ET ÉLÉMENTS CLÉS)**

5. Que va apporter l'euro à la construction européenne selon le président français ? **(DOC. 1)**

3 Je fais la synthèse

Rédigez un paragraphe d'une dizaine de lignes ayant pour titre : « L'euro, un élément moteur de la construction européenne ».

COURS

Quels sont les nouveaux rapports de force depuis 1989 ?

Un symbole

DOC. 1 La chute du mur de Berlin

L'ouverture du mur de Berlin, le 9 novembre 1989, marque la fin de la guerre froide en Europe.

Une géopolitique

DOC. 2 Les conséquences territoriales de la fin du bloc communiste

SOCLE Compétences

Domaine 2 : Je réalise une production graphique, la carte mentale
Domaine 5 : J'identifie une rupture chronologique qui éclaire le présent

Une superpuissance

DOC. 3 Le rôle international des États-Unis

« Les États-Unis sont une puissance mondiale et ils ont des intérêts dans toutes les régions de la Terre. Les États-Unis devront être actifs dans chaque aire du monde qui se dessine aujourd'hui, pour contribuer à maintenir la paix et la stabilité et pour promouvoir la démocratie. […] Nous ne sommes pas, et nous ne pouvons pas être les gendarmes du monde. Mais là où nos intérêts et nos idéaux le demandent, et quand nous aurons la possibilité de laisser notre empreinte, nous agirons, et si c'est nécessaire, nous assumerons le rôle de leader. Nous avons souscrit à des engagements fort importants d'un bout à l'autre du monde – en Asie, en Amérique latine, en Océanie, au Moyen-Orient et naturellement en Europe – et nous les tiendrons. Nous sommes décidés, en particulier, à favoriser le flot montant de la démocratie et du libre marché sur tous les continents. Ceci est le reflet non seulement de nos idéaux, mais aussi de nos intérêts. »

Entretien accordé par Bill Clinton (président des États-Unis de 1993 à 2001).

Une ambition

DOC. 4 L'émergence de la Chine

Couverture de Courrier international *du 5 au 21 octobre 2006.*

MENER L'ÉTUDE

1. Décrivez cette photographie avec précision. **(DOC. 1)**

2. Pourquoi la destruction du mur ouvre-t-elle une nouvelle ère ? **(DOCS 1 ET 2)**

3. Quels États sont issus de l'éclatement de l'URSS ? **(DOC. 2)**

4. Quelles régions ont été touchées par des conflits ? **(DOC. 2)**

5. Comment la puissance russe continue-t-elle de se manifester ? **(DOC. 2)**

6. Quels grands principes dictent la conduite des États-Unis sur la scène internationale ? **(DOC. 3)**

7. Pourquoi parler de superpuissance américaine après 1990 ? **(DOC. 3)**

8. Décrivez cette caricature. **(DOC. 4)**

9. Quelle image de la Chine cette couverture de presse donne-t-elle ? **(DOC. 4)**

Synthèse

Réalisez une carte mentale portant sur les nouveaux rapports de force dans le monde. Utilisez pour cela les termes suivants :

éclatement du bloc communiste, chute du mur de Berlin, fin de la guerre froide, nouveaux États, conflits, superpuissance américaine, puissance montante comme la Chine.

Quels sont les conflits et les menaces qui pèsent sur notre monde ?

Une solidarité

DOC. 1 Le monde entier solidaire avec Paris

Après les attentats du 13 novembre 2015 à Paris, nombreuses ont été les manifestations de soutien à la France, comme ici à Berlin.

Une analyse

DOC. 2 La difficile lutte contre le terrorisme

Le développement de la coopération anti-terroriste peut sembler incontournable. En effet, aucun pays n'est aujourd'hui à l'abri, les attentats du 11 septembre ont ainsi cruellement montré que la plus grande puissance militaire pouvait également être touchée. De plus, le terrorisme n'est plus actuellement, comme dans les années 1970 ou 1980, un outil politique utilisé par certains États qui instrumentalisaient des groupes terroristes comme moyen de pression dans les relations internationales : l'ensemble de la communauté internationale est donc concernée par la lutte contre ce phénomène qui relève de la responsabilité internationale. Enfin, les réseaux terroristes se sont adaptés à la mondialisation beaucoup plus vite que les États, utilisant les nombreux domaines où les frontières se sont estompées (télécommunications, transports, transactions financières...) [...]

Rapport de la Commission des Affaires étrangères à l'Assemblée nationale, 6 juillet 2004.

Mot-clé

Terrorisme : recours à des actions violentes (attentats, prises d'otages...) pour semer la peur et le chaos, et imposer une volonté politique ou une vision du monde.

SOCLE Compétences

Domaine 2 : Je rédige un récit historique
Domaine 5 : Je mets en relation des faits d'une période donnée

Un enjeu international

DOC. 3 COP 21 : QUEL BILAN ?

L'accord obtenu le samedi 12 décembre est davantage inédit qu'historique, dans le sens où, pour la première fois, les 195 États[1] sont parvenus à s'entendre sur la nécessité d'un effort, certes différencié, mais commun dans la lutte contre le changement climatique. [...] L'accord est [toutefois] imparfait et incomplet [...]. Par exemple, le texte reprend l'objectif des 2°C, va plus loin en incitant les États à tenter à limiter le réchauffement à 1,5°C [...] mais les propositions des États ne le permettent pas pour l'instant. [...] L'accord n'est pas, contrairement à ce qu'a annoncé Laurent Fabius[2] samedi, véritablement « contraignant » [car] le texte ne prévoit pas de dispositifs sanctionnant le non-respect des engagements que chaque Etat fixe lui-même. Cela était de toute façon à prévoir [...] ; John Kerry l'avait confirmé en parlant pour les États-Unis, mais c'était aussi la position de la Chine et des autres grandes puissances. La crainte principale des ONG[3] reste le risque d'un affrontement et d'une nouvelle déconvenue lorsqu'il s'agira de discuter d'une révision, à la hausse, des engagements financiers et portant sur les réductions d'émissions.

1. Réunis lors de la 21e Conférence des parties (COP 21) à Paris fin 2015 sous l'égide de l'ONU. 2. Ministre français, il a été désigné président de la COP 21. 3. Les Organisations non gouvernementales sont des associations.

Interview de Bastien Alex, chercheur à l'IRIS, 14 décembre 2015.

Un acteur international

DOC. 5 L'ONU

L'Office de secours et de travaux des Nations unies pour les réfugiés de Palestine dans le Proche-Orient (UNRWA) est un programme de l'ONU pour l'aide aux réfugiés palestiniens dans la bande de Gaza, en Cisjordanie, en Jordanie, au Liban et en Syrie.

Un point chaud

DOC. 4 LA FRONTIÈRE ENTRE LES DEUX CORÉES

Depuis 1953, la Corée est divisée en deux États : la Corée du Nord communiste et la Corée du Sud alliée des États-Unis.

MENER L'ÉTUDE

1. Dans quel contexte cette manifestation a-t-elle eu lieu ? **(DOC. 1)**

2. Comment se manifeste sa solidarité avec la France ? **(DOC. 1)**

3. Pourquoi, selon ce texte, la lutte contre le terrorisme doit-elle forcément être menée au niveau international ? **(DOC. 2)**

4. Quel est l'accord passé, à quelle occasion et par qui ? **(DOC. 3)**

5. Quelles sont les limites de l'accord ? **(DOC. 3)**

6. Pourquoi cette frontière est-elle qualifiée de « frontière chaude » ? **(DOC. 4)**

7. Rappelez l'origine de ce conflit. **(DOC. 4 ET P. 39)**

8. Comment se manifeste l'intervention de l'ONU dans cette région en guerre ? **(DOC. 5)**

Synthèse

Rédigez un paragraphe argumenté sur les conflits et les menaces qui pèsent sur le monde.

Le 11 septembre 2001

TÂCHE COMPLEXE

Consigne

Vous partez en voyage à New York et avez prévu de vous rendre au sud de Manhattan où les États-Unis ont été frappés lors des attentats terroristes du 11 septembre 2001. Afin de préparer votre voyage, vous consultez sur Internet des journaux de l'époque et rédigez une fiche.

Les éléments clés de l'enquête

Le 11 septembre 2001

- ★ **8 h 48 :** un avion de ligne détourné percute la tour nord du World Trade Center à Manhattan.
- ★ **9 h 03 :** un deuxième avion percute la tour sud.
- ★ **9 h 36 :** un troisième avion s'écrase sur le Pentagone à Washington.
- ★ **10 h 10 :** un quatrième avion s'écrase en Pennsylvanie.

Bilan

- ★ 266 morts dans les 4 avions, dont 19 terroristes.
- ★ 125 morts au Pentagone.
- ★ 2 750 victimes dans l'attaque contre les tours jumelles, dont 343 pompiers de New York.

Conséquences diplomatiques et militaires

- ★ **12 septembre 2001 :** le président George Bush annonce « le combat du Bien contre le Mal ».
- ★ **Octobre-novembre 2001 :** Oussama Ben Laden revendique les attentats au nom d'Al Qaïda et se félicite de leur succès.
- ★ **Octobre 2001 :** les États-Unis déclarent la guerre à l'Afghanistan.
- ★ **Mars 2003 :** les États-Unis déclarent la guerre à l'Irak.

DOC. 1 Discours du président des États-Unis George W. Bush, le 11 septembre (extraits)

« Les attaques délibérées et meurtrières qui ont été perpétrées contre notre pays étaient plus que des actes de terrorisme, c'étaient des actes de guerre. Elles requièrent que notre pays s'arme avec une détermination et une résolution sans failles. Ce sont la liberté et la démocratie qui ont été attaquées […]. Le peuple américain doit savoir que nous faisons face à un ennemi différent de tous ceux que nous avons combattu. Il se cache dans l'ombre et n'a aucun respect de la vie humaine […]. Cet ennemi n'a pas seulement attaqué notre peuple mais tous les peuples épris de liberté à travers le monde. Les États-Unis utiliseront toutes les ressources à leur disposition pour le vaincre. Nous rallierons le monde derrière nous […]. L'Amérique est unie. Les peuples épris de liberté sont à nos côtés. Ce sera le combat monumental du Bien contre le Mal. Mais le Bien l'emportera […]. »

SOCLE Compétences

Domaine 1 : J'explique à l'écrit de façon claire et organisée
Domaine 5 : J'identifie une rupture chronologique qui éclaire le présent

Le Monde

numéro spécial

www.lemonde.fr

57e ANNÉE - N° 176146 - 7,90 F - 1,20 EURO FRANCE MÉTROPOLITAINE — JEUDI 13 SEPTEMBRE 2001 — FONDATEUR / HUBERT BEUVE-MÉRY- DIRECTEUR : JEAN-MARIE COLOMBANI

L'Amérique frappée, le monde saisi d'effroi

● Les Etats-Unis ont subi, mardi 11 septembre, la pire attaque de leur histoire ● Le nombre de victimes dépasse celui de Pearl Harbor
● Du World Trade Center au Pentagone, des terroristes défient Washington ● «La liberté se défendra», déclare le président Bush

SOMMAIRE

● **Les Etats-Unis attaqués** : le monde entier saisi d'effroi, le président Bush face à un Pearl Harbor terroriste, le récit d'une journée de terreur en Amérique p. 2-3
● **Panique à Manhattan** : les reportages de nos correspondants, les témoignages de New-Yorkais, comment les deux tours se sont effondrées, les entreprises du World Trade Center p. 4-5
● **Les autres cibles** : au moins 800 morts au Pentagone, le mystère de Pittsburgh, l'angoisse sur la côte Ouest des États-Unis p. 6-7
● **Les réactions dans le monde** : l'OTAN en alerte, l'Europe solidaire, condamnation unanime, inquiétude au Proche-Orient, les Américains de Paris sous le choc p. 8 à 10
● **Les marchés** : les Bourses américaines fermées, les marchés mondiaux en chute libre, les valeurs refuges en hausse p. 11
● **La nébuleuse terroriste** : la piste Ben Laden privilégiée, les précédentes attaques contre les Etats-Unis. Pearl Harbor en 1941 p. 12-13

S. RAMSONAP

Nous sommes tous Américains

DANS CE MOMENT tragique où les mots paraissent si pauvres pour dire le choc que l'on ressent, la première chose qui vient à l'esprit est celle-ci : nous sommes tous Américains ! Nous sommes tous New-Yorkais, aussi sûrement que John Kennedy se déclarait, en 1962 à Berlin, Berlinois. Comment ne pas se sentir en effet, comme dans les moments les plus graves de notre histoire, profondément solidaires de ce peuple et de ce pays, les Etats-Unis, dont nous sommes si proches et à qui nous devons la liberté, et donc notre solidarité.

Comment ne pas être en même temps aussitôt assaillis par ce constat : le siècle nouveau est avancé.

ÉDITORIAL

J.-M. C.

Lire la suite page 18

DOC. 2 Une du journal *Le Monde* du 13 septembre 2001

QUESTIONS

1 J'observe le document 2

1. Présentez ce document en le replaçant dans son contexte.
2. Décrivez la photographie apparaissant sur cette une.
3. Quel titre de cette une manifeste la solidarité avec les Américains ?

2 Je confronte et je croise les informations

4. Comment expliquer l'allusion à Pearl Harbor (l. 7 à 9) ? **(DOC. 2 ET PAGE 26)**
5. Comment le président Bush qualifie-t-il l'événement ? **(DOC. 1)**
6. Qui a commis ces attentats ? **(ÉLÉMENTS CLÉS)**
7. Quelles ont été les conséquences politiques de ces attentats ? **(DOC. 1 ET ÉLÉMENTS CLÉS)**

3 Je fais la synthèse

Rédigez une fiche répondant à la question suivante : « Pourquoi les attentats du 11-Septembre sont-ils un événement d'ampleur planétaire ? »

Plan de la fiche :
– Les attentats du 11-Septembre
– Les réactions aux États-Unis et dans le monde entier
– Les conséquences géopolitiques du 11-Septembre

L'essentiel à retenir

Problématique → **Quels bouleversements ont marqué le monde et les relations internationales depuis 1945 ?**

1 Affirmation et mise en œuvre du projet européen

- La **construction européenne** se met en place à partir des années 1950, rapprochant d'abord 6 États dans le cadre de la **Communauté économique européenne** (Traité de Rome, 1957) et jusqu'à 28 États en 2016 dans le cadre de l'**Union européenne**.
- Des **réalisations concrètes comme l'espace Schengen (1995) et l'euro (2002)** ne peuvent faire oublier que la définition d'un projet européen politique reste complexe. En effet, plusieurs visions de l'Europe s'affrontent, notamment autour de la question des souverainetés nationales. La sortie de la Grande-Bretagne, en 2020, fragilise l'UE.

2 Enjeux et conflits dans le monde après 1989

- Depuis 1989, la chute du mur de Berlin, la **fin de la guerre froide** et l'**éclatement du bloc communiste**, de nouvelles rivalités et de nouveaux types de conflits marquent les relations internationales. Le **terrorisme** apparaît comme une menace planétaire majeure dans un monde toujours en quête de stabilité, où l'**ONU** peine à garantir la paix entre les nations.
- Le réchauffement climatique et le développement durable illustrent également le niveau global de l'action internationale. Cette action implique différents acteurs (États, ONU, ONG, citoyens) aux objectifs divergents.

Mots-clés

Construction européenne : ensemble des initiatives et des réalisations qui marquent le rapprochement économique et politique entre les États d'Europe.

Décolonisation : processus par lequel un pays colonisé acquiert son indépendance.

Guerre froide : conflit qui a opposé les États-Unis et l'URSS, et leurs alliés respectifs, entre 1947 et 1989. Ce conflit, idéologique et économique, n'a jamais débouché sur un affrontement direct entre les deux grandes puissances, d'où le nom de « guerre froide ».

Indépendance : situation caractérisant un pays libre et disposant de son entière souveraineté.

Monde bipolaire : expression désignant le monde au temps de la guerre froide, divisé en deux pôles (c'est-à-dire deux camps) : d'un côté, les démocraties capitalistes derrière les États-Unis ; de l'autre, les puissances communistes (l'URSS et ses alliés, la Chine).

Terrorisme : recours à des actions violentes (attentats, prises d'otages…) pour semer la peur et le chaos et imposer une volonté politique ou une vision du monde.

Tiers-monde : ensemble des pays d'Amérique latine, d'Afrique et d'Asie unis par leur passé colonial et leur difficulté de développement.

Schéma de synthèse

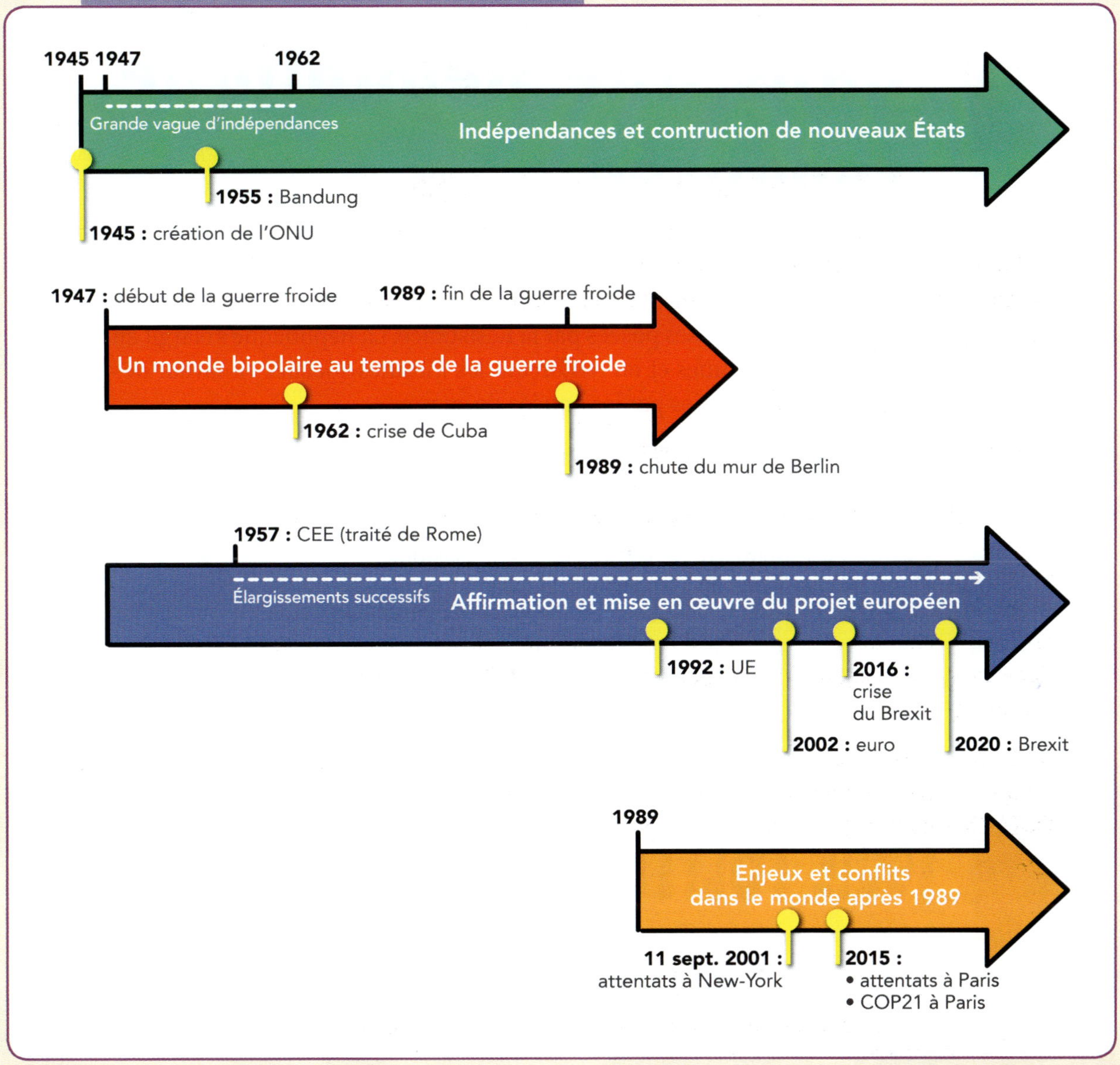

Schéma à compléter
liennathan.fr/5r78xb

THÈME 3

Françaises et Français dans une République repensée

LES ENJEUX

❑ Au lendemain de la Seconde Guerre mondiale, la République française se refonde sur les bases posées par la Résistance. La République s'élargit en s'ouvrant aux femmes et en renforçant les mesures sociales en faveur des populations meurtries par les années de guerre.

❑ En 1958, le retour au pouvoir du général de Gaulle marque le basculement d'une République parlementaire à une Ve République au pouvoir exécutif fort. La société française connaît des transformations importantes, ce qui provoque parfois de vives tensions.

Problématique → **Quelles sont les grandes évolutions des institutions et de la société française depuis la libération ?**

UNE MANIFESTATION POUR L'AVORTEMENT À PARIS, MARS 1974

Au début des années 1970, le combat des féministes se fait plus intense. Des associations comme le MLF ou le MLAC se battent pour la contraception et l'avortement, pour la maîtrise par les femmes de leur sexualité et de leur fécondité.

CONTEXTUALISATION

La refondation de la République

pp. 62 à 65

SOUS-THÈME

La Ve République, de la République gaullienne à l'alternance et à la cohabitation

* Quelle est l'influence du général de Gaulle dans la naissance de la Ve République ?
* Comment les institutions ont-elles évolué depuis 1958 ?

pp. 66 à 71

DOSSIERS

Femmes et hommes dans la société des années 1950 aux années 1980 : nouveaux enjeux sociaux et culturels, réponses politiques

pp. 72 à 77

Capacités

L'étude, conduite en lien étroit avec l'enseignement moral et civique, permet à l'élève de :
– citer les grands choix politiques du général de Gaulle ;
– caractériser la vie politique française, marquée par l'alternance entre droite et gauche.

Compétences

- Mettre en relation des faits d'une époque ou d'une période donnée.
- Identifier des continuités et des ruptures chronologiques pour s'approprier la périodisation de l'histoire et pratiquer de conscients allers-retours au sein de la chronologie.
- Confronter un document à ce qu'on peut connaître par ailleurs du sujet étudié.

Repères

- Naissance de la Ve République : 1958
- Élection du président de la République au suffrage universel direct : 1962
- Première alternance : 1981

REPÈRES

DOC. 1 Chronologie politique

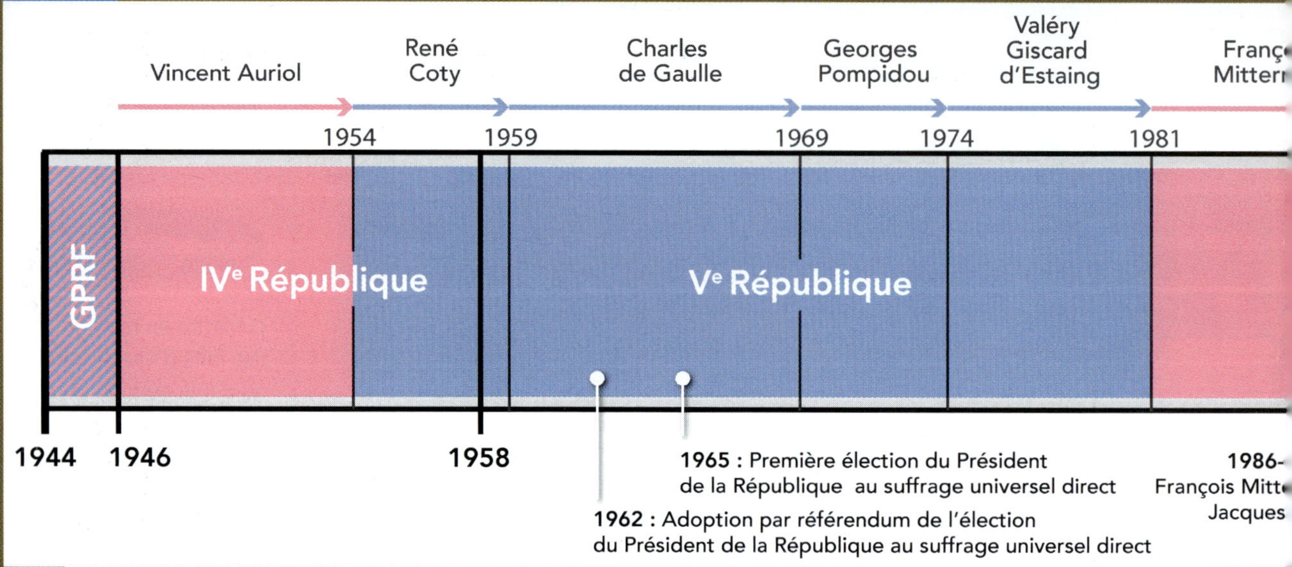

1. Quelles sont les deux grandes orientations politiques de la vie politique sous les IVe et Ve Républiques ?

2. Combien de fois y a-t-il eu alternance sous la Ve République ?

3. Combien y a-t-il eu de cohabitations ?

DOC. 2 Chronologie des transformations sociales et culturelles

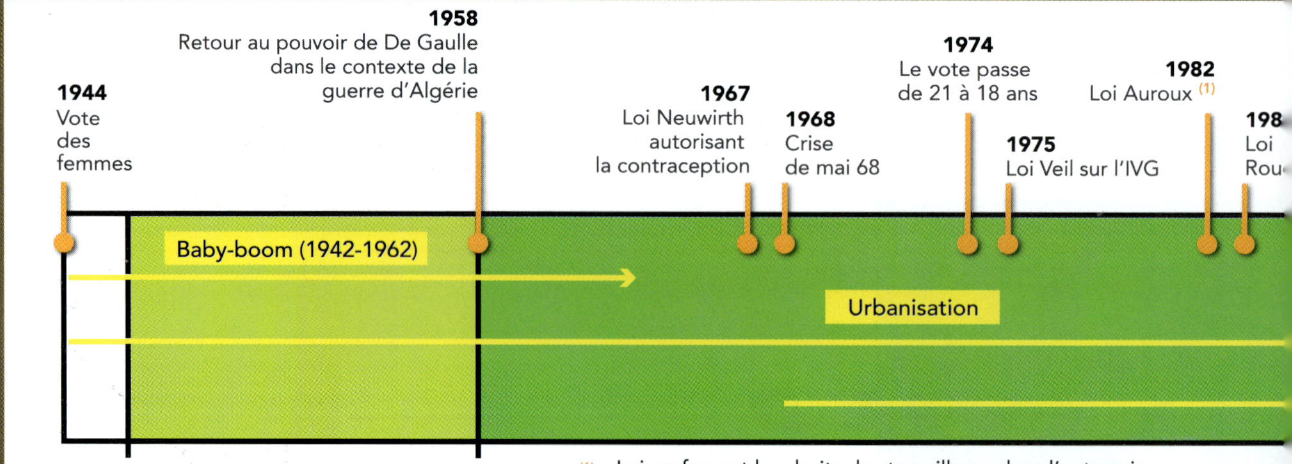

(1) Loi renforçant les droits des travailleurs dans l'entreprise

(2) Loi interdisant toute discrimination professionnelle en raison du sexe

(3) Loi faisant passer le temps de travail hebdomadaire à 35 h.

1. Sous quelle présidence eut lieu la crise politique et sociale de mai 1968 ?

2. Parmi ces dates, lesquelles marquent l'évolution de la condition féminine ?

3. Lesquelles de ces lois ont une ambition sociale ?

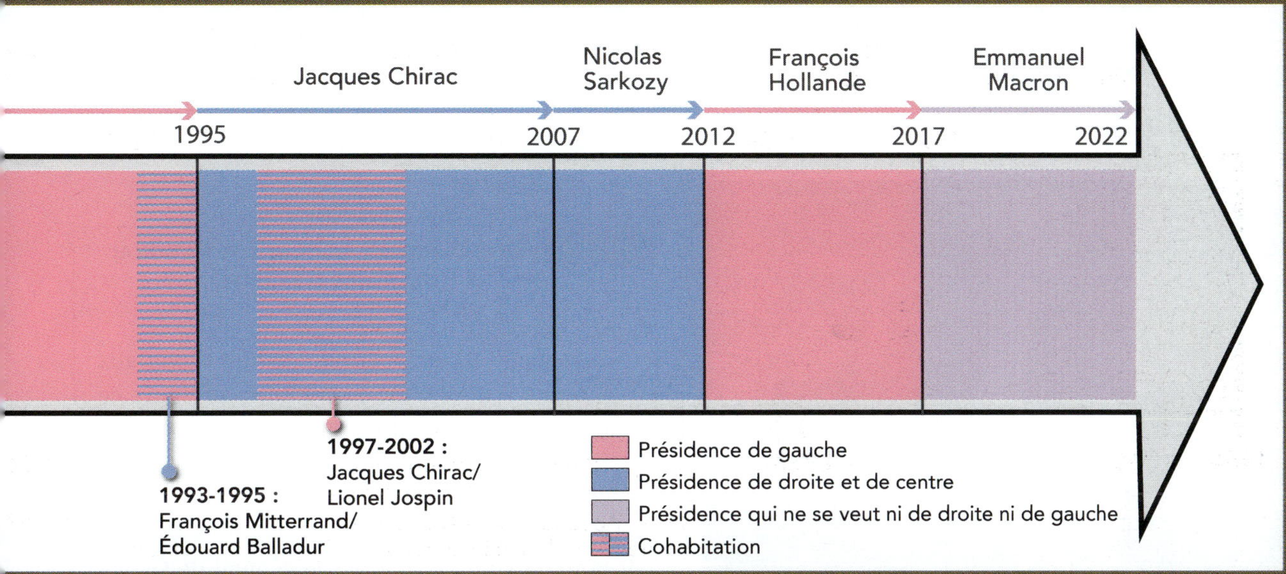

Mots-clés

Alternance : passage au pouvoir d'une tendance politique à une autre.

Cohabitation : situation dans laquelle le Président, suite à une défaite électorale, doit choisir un Premier ministre dans une autre famille politique que la sienne.

GPRF : Gouvernement Provisoire de la République Française, créé à la libération par la Résistance et présidé de Gaulle.

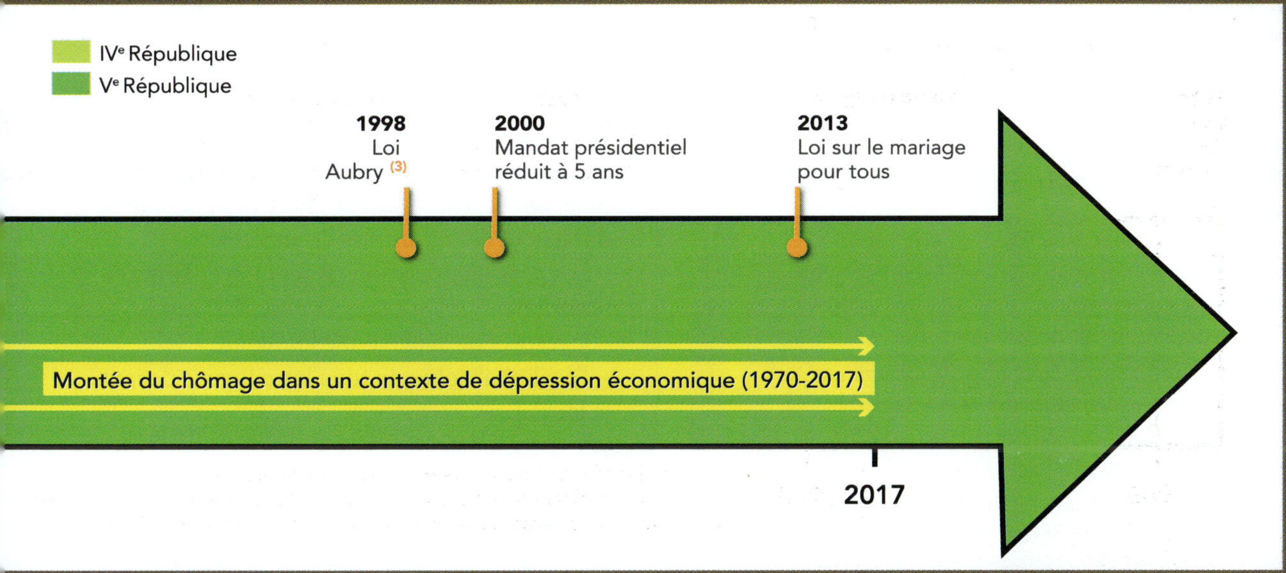

La refondation de la République

Une étape nécessaire

DOC. 1 L'ÉPURATION

Au terme de son procès en août 1945, le maréchal Pétain est condamné à mort, puis gracié en raison de son grand âge (89 ans) par le général de Gaulle, président du Gouvernement provisoire de la République française.

Mots-clés

Conseil national de la Résistance (CNR) : organisation créée par Jean Moulin en 1943 pour unifier les différents courants de la Résistance et préparer le retour de la démocratie.

Constitution : texte fondamental qui organise les pouvoirs et définit les droits et les libertés.

Épuration : action menée à la Libération afin de punir et d'écarter de la vie politique et sociale les personnes convaincues de collaboration avec l'Allemagne pendant la Seconde Guerre mondiale.

République : régime politique dans lequel le peuple est souverain.

Une source d'inspiration

DOC. 2 LE PROGRAMME DU CONSEIL NATIONAL DE LA RÉSISTANCE (EXTRAITS), 15 MARS 1944

Unis quant au but à atteindre, unis quant aux moyens à mettre en œuvre pour atteindre ce but qui est la libération rapide du territoire, les représentants [...] du CNR proclament qu'ils sont décidés à rester unis après la Libération :

1. Afin d'établir le gouvernement provisoire de la République formé par le général de Gaulle pour défendre l'indépendance politique et économique de la nation, rétablir la France dans sa puissance, dans sa grandeur et dans sa mission universelle ;

2. Afin de veiller au châtiment des traîtres [...] qui auront pactisé avec l'ennemi ou qui se seront associés activement à la politique des gouvernements de collaboration ; [...]

4. Afin d'assurer :

– l'établissement de la démocratie la plus large en rendant la parole au peuple français par le rétablissement du suffrage universel ;

– la pleine liberté de pensée, de conscience et d'expression ;

– la liberté de la presse, son honneur et son indépendance à l'égard de l'État, des puissances d'argent et des influences étrangères ;

– la liberté d'association, de réunion et de manifestation ;

– le respect de la personne humaine ;

– l'égalité absolue de tous les citoyens devant la loi [...].

SOCLE Compétences

Domaine 3 : Je comprends comment les valeurs de la République et de la démocratie sont à l'origine de nos libertés individuelles et collectives.
Domaine 5 : Je comprends comment le passé éclaire le présent.

Une avancée démocratique

DOC. 3 1945 : LE PREMIER VOTE DES FEMMES

Le droit de vote est accordé aux Françaises par l'ordonnance du 22 avril 1944. Les femmes votent pour la première fois lors des élections municipales de 1945.

Un texte fondateur

DOC. 4 LA CONSTITUTION DE LA IVe RÉPUBLIQUE (EXTRAITS)

1. Au lendemain de la victoire remportée par les peuples libres sur les régimes qui ont tenté d'asservir et de dégrader la personne humaine, le peuple français sans distinction de race, de religion ni de croyance, possède des droits inaliénables et sacrés. Il réaffirme solennellement les droits et libertés de l'homme et du citoyen consacrés par la déclaration des droits de 1789 et les principes fondamentaux reconnus par les lois de la République. […]

3. La loi garantit à la femme, dans tous les domaines, des droits égaux à ceux de l'homme. […]

10. La Nation assure à l'individu et à la famille les conditions nécessaires à leur développement.

Extraits du préambule de la Constitution de la IVe République, 27 octobre 1946.

MENER L'ÉTUDE

1. Que représente cette photographie ? **(DOC. 1)**

2. D'après vos connaissances et le document 2, pourquoi Pétain est-il jugé ? **(DOC.2)**

3. Quelles sont les propositions du CNR en matière de droits et de libertés ? **(DOC. 2)**

4. Décrivez la photographie. **(DOC. 3)** Quel point de la Constitution illustre- t-elle ? **(DOC. 4)**

5. De quel héritage historique cette Constitution se réclame-t-elle ? **(DOC. 4)**

Synthèse

Montrez de quelle manière et suivant quels principes la République est refondée en France au lendemain de la Seconde Guerre mondiale.

TÂCHE COMPLEXE

L'élan du Front populaire

Consigne

Membre du Parti communiste français des années 1930 aux années 1950, vous expliquez à des amis les raisons de votre engagement. Pour cela, vous leur montrez une affiche du parti et entreprenez de leur en expliquer le sens.

Les éléments clés de l'enquête

★ Juin 1936 : lors des élections législatives, victoire du Front populaire, un rassemblement des trois grandes forces de gauche : radicaux, socialistes et communistes. Les communistes soutiennent le gouvernement Blum (socialiste) sans en faire partie.

★ 1940-1944 : les communistes jouent un rôle très important au sein de la Résistance.

★ 1943-1944 : les communistes défendent leurs idées au sein du CNR.

★ 1946 : la Constitution de la IVe République s'inspire du programme du CNR, en particulier des aspects sociaux de ce dernier.

Réunion du Conseil national de la Résistance en 1945. Sur un fauteuil, la photo de Jean Moulin, mort en juillet 1943, torturé par les nazis.

DOC. 1 Extraits du programme du CNR (mars 1944)

Le Conseil national de la Résistance (CNR) a été créé par Jean Moulin en 1943 pour unifier la Résistance et préparer le retour de la démocratie.

Mesures à appliquer dès la libération du territoire
Afin de promouvoir les réformes indispensables :
Sur le plan social :
– le droit au travail et le droit au repos [...] ;
– [...] la garantie d'un niveau de salaire et de traitement qui assure à chaque travailleur et à sa famille la sécurité, la dignité et la possibilité d'une vie pleinement humaine ; [...]
– un plan complet de sécurité sociale, visant à assurer à tous les citoyens des moyens d'existence, dans tous les cas où ils sont incapables de se le procurer par le travail [...] ;
– la sécurité de l'emploi, la réglementation des conditions d'embauchage et de licenciement, le rétablissement des délégués d'atelier.

SOCLE Compétences

Domaine 2 : J'extrais des informations pertinentes de documents, je les classe et je les hiérarchise
Domaine 5 : Je me prépare à l'exercice futur de ma citoyenneté en cherchant des réponses à mes questions sur un moment historique

DOC. 2 LA DÉFENSE DES TRAVAILLEURS ET DE LEUR FAMILLE

Affiche du Parti communiste français, 1958.

QUESTIONS

1 J'observe le document 2

1. Qui a produit cette affiche et en quelle année ?

2. Expliquez le choix de la couleur rouge.

3. Qui peuvent être les personnages représentés ?

4. Quelles grandes conquêtes sociales sont ici mises en avant ?

2 Je confronte et je croise les informations

5. À l'aide des éléments clés, expliquez pourquoi les dates 1936 et 1946, qui figurent sur cette affiche, sont importantes pour les communistes.

6. Pourquoi peut-on dire que le programme du CNR inspire toujours les communistes au lendemain de la Seconde Guerre mondiale ?

7. À l'aide des chronologies pages 60-61, expliquez pourquoi le Parti communiste émet cette affiche précisément en 1958.

3 Je fais la synthèse

Expliquez en un paragraphe argumenté les grandes étapes et les raisons de votre engagement au sein du Parti communiste français de 1936 à 1958.

Quelle est l'influence du général de Gaulle dans la naissance de la Ve République ?

Un acte fondateur

DOC. 1 De Gaulle présente la Constitution de la Ve République

❶ *Charles de Gaulle*
❷ *Un photographe de presse*
❸ *Le gouvernement*

Cérémonie place de la République à Paris, 4 septembre 1958.

Un nouveau régime

DOC. 2 Les institutions de la Ve République (version actualisée)

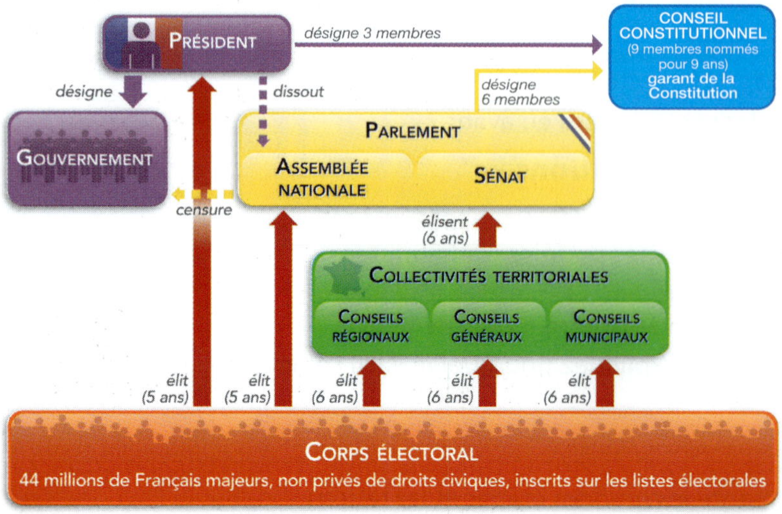

Mot-clé

Régime présidentiel : régime politique dans lequel le pouvoir du président de la République, à la tête de l'exécutif, est très fort (ce qui implique un pouvoir législatif plus faible).

Pouvoir exécutif : pouvoir qui dirige l'État et exécute les lois.

Pouvoir législatif : pouvoir qui vote les lois.

Une spécificité

DOC. 3 Un régime présidentiel

Article 8. Le président de la République nomme le Premier ministre. Il met fin à ses fonctions [...].

Article 11. Le président de la République [...] peut soumettre au référendum tout projet de loi [...].

Article 12. Le président de la République peut [...] prononcer la dissolution de l'Assemblée nationale. [...]

Article 15. Le président de la République est le chef des armées [...].

Article 16. Lorsque les institutions de la République, l'indépendance de la nation, l'intégrité de son territoire ou l'exécution de ses engagements internationaux sont menacés d'une manière grave et immédiate [...] le président de la République prend les mesures exigées par ces circonstances [...].

Article 52. Le président de la République négocie et ratifie les traités. [...]

Extraits de la Constitution du 4 octobre 1958.

Une critique

DOC. 4 Le mouvement de mai 1968

Au cœur du soulèvement étudiant et des grandes grèves de Mai 68, les murs des grandes villes se couvrent de graffitis, de slogans, d'affiches et de pochoirs qui sont autant de moyens de critiquer le régime du général de Gaulle, ici reconnaissable à son képi et à son profil.

MENER L'ÉTUDE

1. Relevez sur la photographie tous les éléments qui font référence à la République. **(DOC. 1)**

2. Quelle image le général de Gaulle veut-il donner à la population française lors de cette présentation ? **(DOC. 1)**

3. Quelles sont les deux grandes assemblées élues qui font la loi en France ? **(DOC 2)**

4. Relevez les éléments qui montrent que le président est au dessus du Parlement. **(DOCS 2 ET 3)**

5. Quel message cette affiche veut-elle faire passer ? **(DOC. 4)**

Synthèse

À partir de l'étude et de vos connaissances, réalisez une carte mentale sur le thème : « Quelle est l'influence du général de Gaulle dans la nature de la Ve République ? » Vous pouvez partir du schéma ci-dessous.

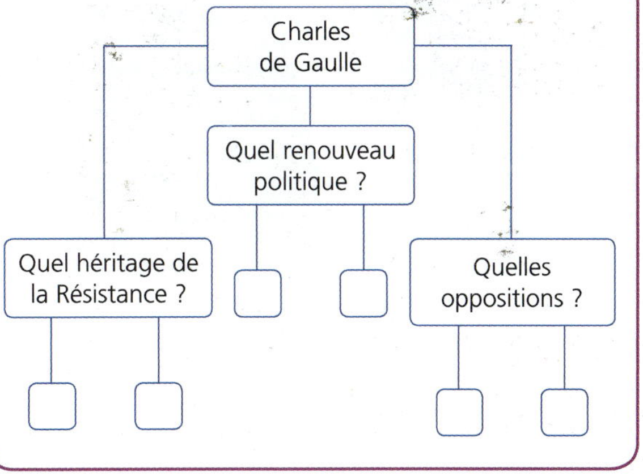

TÂCHE COMPLEXE

De Gaulle, le monarque républicain

Consigne

Dans une brocante, vous achetez un numéro du journal satirique *Le Canard enchaîné* datant de 1965 et découvrez le dessin de Moisan. Vous tentez de comprendre pourquoi ce dessinateur a représenté ainsi le chef de l'État.

Les éléments clés de l'enquête

- ★ 1958 : le général de Gaulle fonde la Ve République. La nouvelle Constitution instaure un régime dit « présidentiel » car dominé par le chef de l'État.
- ★ 1962 : suite à un référendum proposé par de Gaulle, la Constitution est modifiée : désormais, l'élection du président de la République se fera au suffrage universel.
- ★ 1965 : élections présidentielles au suffrage universel. Charles de Gaulle se présente à sa propre succession. Son principal opposant, François Mitterrand, est candidat de la gauche.

Portrait officiel de Charles de Gaulle, président de la République.

DOC. 1 Contre la réforme constitutionnelle de 1962

Gaston Monnerville, président du Sénat, s'oppose à la réforme de 1962 sur l'élection du président de la République au suffrage universel.

Le jeu normal des institutions est faussé, la Constitution est violée ouvertement, le peuple est abusé. [...] Si nous réclamons le respect de celle que le peuple a votée, il y a quatre ans, c'est parce qu'elle règle le mode de délégation de la souveraineté nationale, la forme, les attributions, le fonctionnement de chacun des pouvoirs, en un mot l'équilibre des pouvoirs, contrepoids fondamental à toute tentative de pouvoir personnel.

Or, l'élection du Président de la République au suffrage universel [...] ne fera que créer la confusion des pouvoirs, et au profit d'un seul. Elle donnera naissance à un pouvoir personnel, [...] incontrôlable; et en même temps - paradoxe insensé – irresponsable : car, aux termes de la présente Constitution qui resterait inchangée sur ce point, le chef de l'État n'est pas responsable devant le Parlement.

La question est donc grave. C'est la confusion ou la juste distribution des pouvoirs législatif, exécutif et judiciaire, qui distingue les gouvernements tyranniques des gouvernements libres. Réunir en une seule main, sur une seule tête, tous les pouvoirs, sans nul contrepoids, c'est proprement abolir la démocratie; c'est pourtant ce qu'on demande au peuple français de faire, d'urgence, sans examen, simplement par confiance en un homme.

Journal officiel, 9 octobre 1962.

SOCLE Compétences

Domaine 1 : Je m'exprime et j'argumente à l'écrit et à l'oral de façon claire et argumentée
Domaine 5 : J'identifie une rupture chronologique qui éclaire le présent

DOC. 2

Caricature du général de Gaulle par Moisan, parue dans Le Canard enchaîné *en 1965.*

QUESTIONS

1 J'observe

1. Présentez les documents 1 et 2 ainsi que le contexte dans lequel ils sont apparus. **(REPÈRES P. 60 ET ÉLÉMENTS CLÉS P. 68)**

2. Décrivez cette caricature. **(DOC. 2)**

3. À quel personnage historique de l'histoire de France de Gaulle est-il comparé ? **(DOC. 2)**

2 Je confronte et je croise les informations

4. Qui est Gaston Monnerville ? À quelle réforme s'oppose-t-il ? **(DOC. 1 ET ÉLÉMENTS CLÉS)**

5. Pourquoi rejette-t-il la réforme ? **(DOC. 1)**

6. Les auteurs des deux documents dénoncent la même chose, laquelle ? **(DOCS 1 ET 2)**

3 Je fais la synthèse

À l'oral, présentez la manière dont le pouvoir gaulliste est critiqué au début des années 1960.

COURS

Comment les institutions ont-elles évolué depuis 1958 ?

Une chronologie

DOC. 1 Alternances et cohabitations

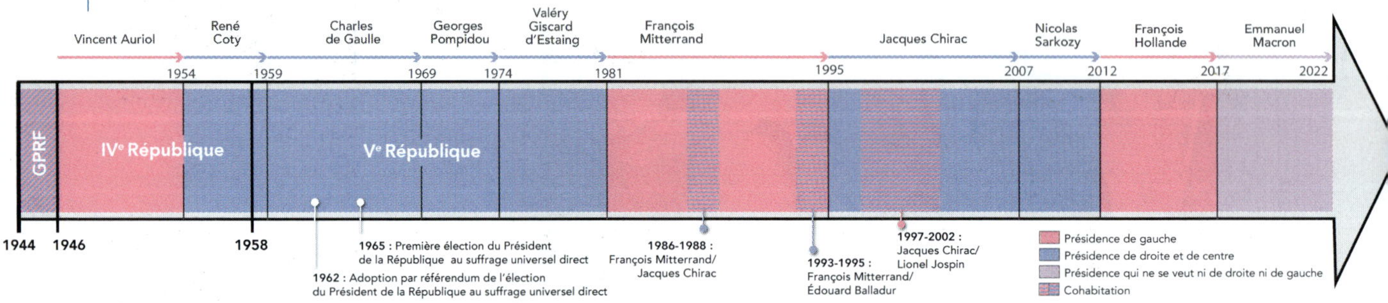

La présidentialisation du régime

DOC. 2 L'élection du Président au suffrage universel

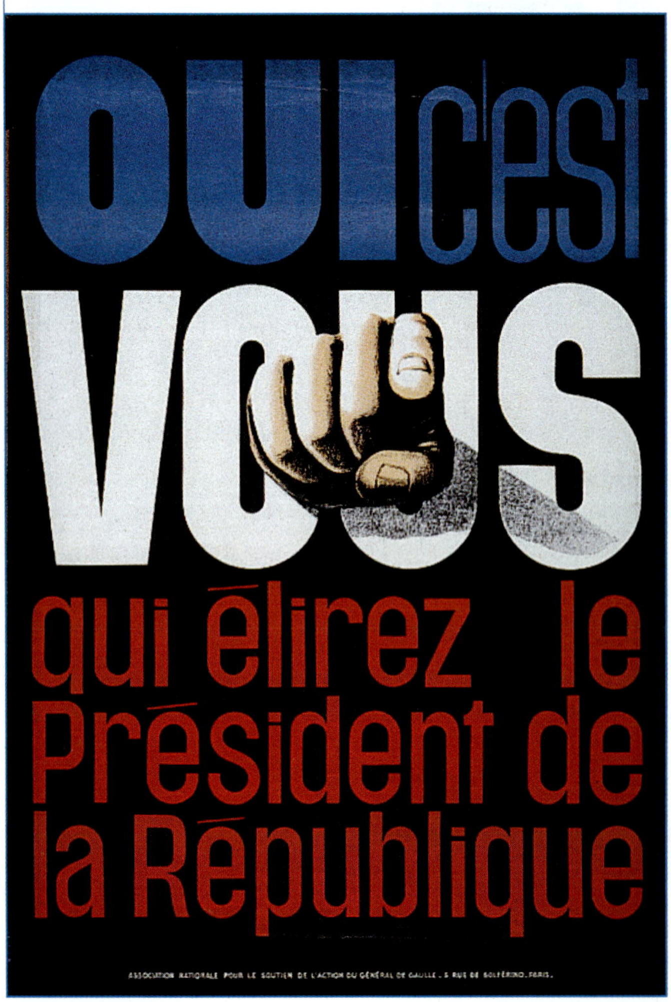

Affiche gaulliste pour le référendum de 1962, par lequel de Gaulle propose aux Français une réforme de la Constitution : dorénavant, le président de la République serait élu non plus par un collège d'électeurs mais au suffrage universel direct. En 1965, Charles de Gaulle est élu lors de la première élection du Président de la République au suffrage universel direct.

Mots-clés

Alternance : passage au pouvoir d'une tendance politique à une autre.

Cohabitation : situation dans laquelle le Président, suite à une défaite électorale, doit choisir un Premier ministre dans une autre famille politique que la sienne.

Référendum : consultation des électeurs sur une question précise à laquelle ils répondent par oui ou par non.

Régime présidentiel : régime politique dans lequel le pouvoir du président de la République, à la tête de l'exécutif, est très fort (ce qui implique un pouvoir législatif plus faible).

SOCLE Compétences

Domaine 2 : Je me pose des questions à propos d'une situation historique et j'y réponds
Domaine 5 : Je me prépare à l'exercice futur de ma citoyenneté en cherchant des réponses à mes questions sur un moment historique

Une rupture

DOC. 3 L'ALTERNANCE

« Le gouvernement gouverne, le Parlement légifère et participe au débat, sans contrainte d'aucune sorte. Quant à moi, si j'entends exercer la plénitude des responsabilités que le peuple souverain m'a confiées, je ne veux me substituer ni à l'un ni à l'autre des pouvoirs. L'équilibre de nos institutions y gagnera, n'en doutez pas. La démocratie assurée, l'alternance a joué et ce que l'on jugeait impossible s'est réalisé dans le calme, appuyé sur un grand mouvement populaire issu des profondeurs de notre peuple. […]
Sous l'autorité du Premier ministre, Pierre Mauroy, qui mérite la confiance des Français comme il dispose de la mienne, le gouvernement s'est mis au travail. En quelques semaines, beaucoup a été fait. Faut-il rappeler : la majoration du SMIC, l'augmentation du minimum vieillesse, des allocations familiales et de l'allocation logement, […] l'abrogation de la peine de mort, la loi de décentralisation […], les nationalisations adoptées hier pour doter notre pays d'un système de crédit apte à encourager l'initiative et d'un appareil industriel capable d'entraîner l'ensemble des entreprises dans la révolution technologique de la fin de ce siècle, un plan pour l'emploi […]. »

François Mitterrand, conférence de presse du 24 septembre 1981.

Une situation difficile

DOC. 4 LA COHABITATION

Caricature de Plantu publiée le 20 novembre 1986 dans le journal Le Monde.
❶ *François Mitterrand, Président de la République, de gauche.*
❷ *Jacques Chirac, Premier Ministre, de droite.*

Synthèse

Un élève de chaque équipe présente devant la classe le résultat du travail de son équipe.
La restitution respectera la forme suivante :
– définir le terme (alternance ou cohabitation) ;
– l'illustrer à l'aide d'une période de l'histoire.

MENER L'ÉTUDE

Équipes 1 et 2

1. Décrivez cette affiche : quels arguments sont utilisés pour convaincre les électeurs de voter oui au référendum ? **(DOC. 2)**

2. Quand les Français ont-ils élu leur président au suffrage universel pour la première fois ? Qui a été élu ? **(DOCS 1 ET 2)**

Équipe 1 - L'alternance

3. Pourquoi parle-t-on d'« alternance » en 1981 ? **(DOC. 1)**

4. Quels passages de ce texte montrent que F. Mitterrand entend rassurer les Français sur l'équilibre des institutions ? **(DOC. 3)**

5. Quels grands chantiers s'ouvrent pour la gauche en 1981 ? **(DOC. 3)**

Équipe 2 - La cohabitation

6. Combien de fois la cohabitation s'est-elle produite sous la Ve République ? **(DOC. 1)**

7. De quelle cohabitation s'agit-il ? **(DOC. 4)**

8. Décrivez ce dessin. **(DOC. 4)** Que veut montrer Plantu ?

Les femmes dans la société française

Un cliché

DOC. 1 PUBLICITÉ POUR LES PRODUITS DE LA MARQUE MOULINEX (1961)

Mots-clés

Féminisme : ensemble des idées et des actions entreprises en faveur de l'égalité entre femmes et hommes.

IVG : interruption volontaire de grossesse, nom légal de l'avortement.

Parité : égal accès des hommes et des femmes aux responsabilités (sociales, politiques et économiques).

Une évolution

DOC. 2 LA LENTE MARCHE VERS L'ÉGALITÉ

1944	Les femmes obtiennent le droit de vote.
1946	La Constitution de la IVe République pose le principe de l'égalité des droits entre femmes et hommes.
1965	Une femme peut exercer une activité professionnelle et ouvrir un compte en banque sans l'autorisation de son mari.
1967	Loi Neuwirth autorisant la pilule contraceptive.
1972	Loi posant le principe de l'égalité de rémunération pour les travaux de valeur égale.
1974	Première femme secrétaire d'État à la Condition féminine (Françoise Giroud).
1975	Loi Veil autorisant l'interruption volontaire de grossesse (IVG)
1983	Loi Roudy interdisant toute discrimination professionnelle en raison du sexe.
1991	Édith Cresson est la première femme à exercer la fonction de Premier ministre.
2000	Loi sur la parité dans l'accès des hommes et des femmes aux mandats électoraux et aux fonctions électives.

Un combat

DOC. 3 La lutte pour le contrôle des naissances

Affiche de la dessinatrice et auteure de bandes dessinées Claire Bretecher pour l'organisation féministe MLAC (Mouvement pour la liberté de l'avortement et de la contraception), 1974.

1 *Juge.* 2 *Médecin.* 3 *Policier.*

Un grand moment

DOC. 4 La loi Veil sur l'IVG

Simone Veil à la tribune de l'Assemblée nationale le 26 novembre 1974.

Une limite

DOC. 5 Des inégalités persistantes

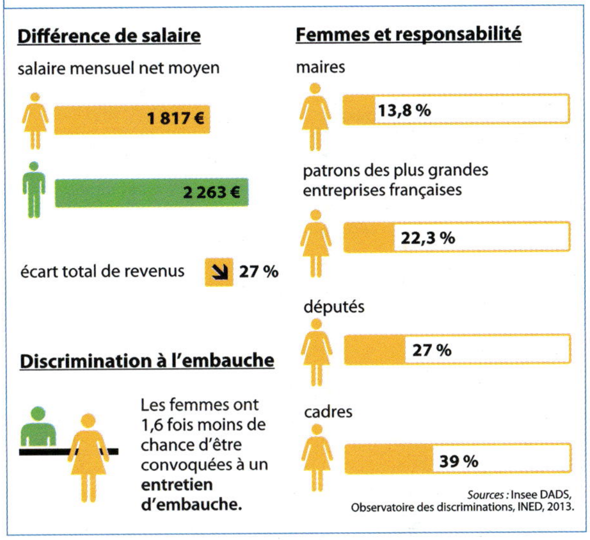

MENER L'ÉTUDE

1. Quelle vision du rôle de la femme est proposée dans cette publicité ? **(DOC. 1)**

2. Classez les événements du tableau par thèmes (vie sociale, vie professionnelle, vie politique). **(DOC. 2)**

3. Quelles sont les grandes périodes d'acquisition des droits des femmes ? **(DOCS 2 À 4)**

4. À votre avis, quel est le pouvoir de chacun de ces personnages contre lesquels les femmes se mobilisent ? **(DOC. 3)**

5. En vous aidant de la chronologie **(DOC. 2)**, dites quelle loi va apporter une solution à cette situation. **(DOC. 3)**

6. Quelles inégalités restent importantes dans le monde du travail ? **(DOC. 5)**

Synthèse

Rédigez un paragraphe qui présente l'évolution de la place des femmes dans la société française de 1950 à 1980.

Les défis du modèle social républicain des années 1950 aux années 1980

Un drame social

DOC. 1 Le défi du chômage

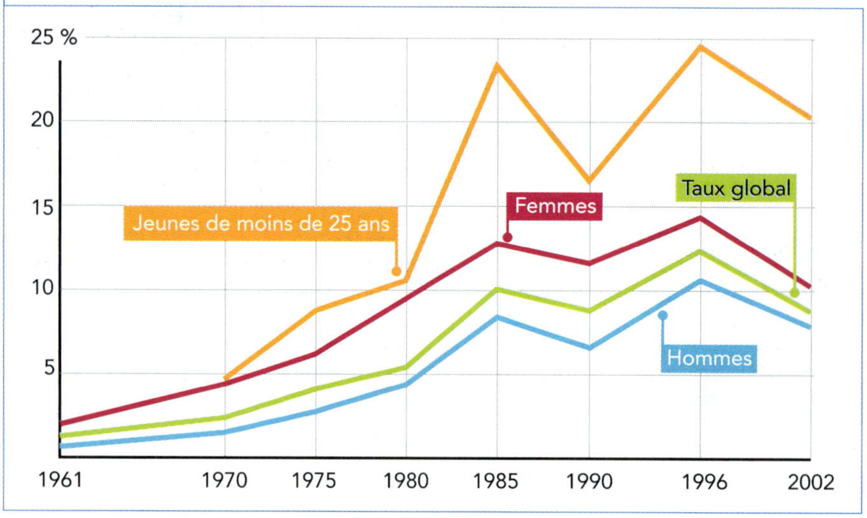

Un enjeu

DOC. 2 Le défi de l'immigration

L'immigré, jusque dans les années 1970, était avant tout un travailleur, généralement venu seul, hébergé dans un foyer ou surexploité par un marchand de sommeil[1] localisé à proximité de l'emploi, figure ouvrière définie par une position inférieure – la plus basse – dans les rapports de production[2]. Vinrent ensuite, et notamment pour les Maghrébins, puis pour les Turcs et les Africains, la sédentarisation[3], le regroupement familial, en même temps que la crise économique et, plus profondément, le déclin de la société industrielle. [...]
L'immigré aujourd'hui n'est plus [...] identifié à l'exploitation dans le travail et à la surexploitation dans le logement, il est de plus en plus défini comme un problème, une source d'inquiétude.

Michel Wievorka, *La France raciste*, éd. du Seuil, 1993.

1. Personne qui loue des chambres peu salubres pour des sommes abusives.
2. Rapports entre les chefs et ceux qui obéissent à leurs directives au sein de l'entreprise.
3. Fait, pour un immigré, de s'installer définitivement dans son pays d'accueil.

Travailleurs immigrés dans une usine Renault, en 1975.

Une urgence

DOC. 3 Le défi du logement

Chantier de construction de la Cité de la Joie au Plessis-Trévise (Val-de-Marne). Mouvement Emmaüs, février 1954.

L'abbé Pierre (1912-2007) a fondé en 1949 Emmaüs, une communauté venant en aide aux personnes pauvres.

Un élan fraternel

DOC. 4 La lutte contre le racisme

La Marche anti-raciste et pour la dignité, dite « Marche des beurs » lors de son arrivée à Strasbourg le 19 novembre 1983.
Cette marche devait sensibiliser l'opinion publique à la nécessité de lutter contre le racisme ; elle aboutit à l'Élysée, où le président de la République reçut une délégation en décembre 1983.

Synthèse

Chaque équipe réalise une production graphique sur son thème : une affiche avec des images/dessins/photographies et des slogans.

MENER L'ÉTUDE

Équipe 1 - Des défis économiques et sociaux

1. Comment évolue le chômage ? (Distinguez différentes périodes.) **(DOC. 1)**

2. Quels groupes sont particulièrement touchés par ce fléau ? **(DOC. 1)**

3. Décrivez cette photographie **(DOC. 3)**

4. Quel défi s'agit-il de relever ? **(DOC. 3)**

Équipe 2 - Le défi de l'immigration

1. Quelles sont les trois grandes époques de l'immigration que distingue ce sociologue ? **(DOC. 2)**

2. Pourquoi peut-on dire que le regard porté sur les immigrés dépend du contexte économique **(DOCS 1 ET 2)**

3. Décrivez cette photographie : qui sont les manifestants et que demandent-ils ? **(DOC. 4)**

4. Dans quel contexte cette marche a-t-elle lieu ? **(DOCS 2 ET 4)**

TÂCHE COMPLEXE

Une manifestation féministe

Consigne

En regardant de vieilles photos de famille avec votre grand-mère, vous découvrez un cliché la représentant lors d'une manifestation féministe à Paris en 1970. Vous essayez de comprendre les combats que votre grand-mère a dû mener lorsqu'elle était jeune.

Les éléments clés de l'enquête

★ La photographie a été prise le 26 août 1970 (jour de la proclamation de la Déclaration des droits de l'homme et du citoyen en 1789) lors d'une manifestation sous l'Arc de triomphe à Paris, où se trouve la tombe du soldat inconnu.

★ Le mouvement féministe français est en plein essor au tournant des années 1970 ; Simone de Beauvoir est sa grande figure intellectuelle, le MLF (Mouvement de libération des femmes) son association la plus en vue.

★ Simone de Beauvoir (1908-1986), philosophe, intellectuelle engagée, a écrit un ouvrage féministe de référence, *Le Deuxième Sexe* (1949).

Simone de Beauvoir à son bureau en 1945.

DOC. 1 Un ouvrage fondateur du féminisme, *Le Deuxième Sexe*

On ouvre aux femmes les usines, les facultés, les bureaux mais on continue à considérer que le mariage est pour elle une carrière des plus honorables qui la dispense de toute autre participation à la vie collective. [...] La femme mariée est autorisée à se faire entretenir par son mari ; elle est en outre revêtue d'une dignité sociale très supérieure à celle de la célibataire... Comment le mythe de Cendrillon ne garderait-il pas toute sa valeur ? Tout encourage encore la jeune fille à attendre du « prince charmant » fortune et bonheur plutôt qu'à en tenter seule la difficile et incertaine conquête. [...] Les parents élèvent encore leur fille en vue du mariage plutôt qu'ils ne favorisent son développement personnel ; elle y voit tant d'avantages qu'elle le souhaite elle-même ; il en résulte qu'elle est souvent moins spécialisée, moins solidement formée que ses frères, elle s'engage moins totalement dans sa profession ; par-là elle se voue à y rester inférieure ; et le cercle vicieux se noue : cette infériorité renforce son désir de trouver un mari [...].

Simone de Beauvoir, *Le Deuxième Sexe*, Paris, Gallimard, 1949.

Mots-clés

Féminisme : ensemble des idées et des actions entreprises en faveur de l'égalité entre femmes et hommes.

Domaine 1 : Je pratique différents langages pour argumenter (écrit, graphique)
Domaine 3 : Je réfléchis et j'argumente pour le respect de l'égalité entre les femmes et les hommes

DOC. 2 **Manifestation à l'Arc de triomphe (26 août 1970)**

Sur les banderoles : « Il y a plus inconnu que le soldat inconnu – Sa femme » et « Un homme sur deux est une femme ».

QUESTIONS

1 Je décris et je comprends le document 2

1. Décrivez la photographie. **(DOC. 2)**

2. Pourquoi les manifestantes viennent-elles un 26 août ? **(ÉLÉMENTS CLÉS)**

3. Qui empêche les femmes de déposer des fleurs ? **(ÉLÉMENTS CLÉS ET DOC. 2)**

2 Je mets en perspective

4. Qu'est-ce que « le mythe de Cendrillon » dénoncé par Simone de Beauvoir ? **(DOC. 1)**

5. Expliquez le slogan : « Il y a plus inconnu que le soldat inconnu – Sa femme ».

6. Quel est l'objectif des femmes venues manifester sous l'Arc de triomphe le 26 août 1970 ?

7. D'après vos connaissances, quelles lois ont fait progresser la condition féminine dans les années 1960 et 1970 ?

3 Je réalise une pancarte

Élaborez une pancarte conforme à l'esprit des féministes du début des années 1970, avec dessins et slogans.

Vous pourrez traiter l'un des sujets suivants :
1. Les femmes n'ont pas un statut égal à celui des hommes
2. Des grandes figures intellectuelles et des associations se battent pour améliorer la situation
3. Des progrès sont constatés dans les années 1960 et 1970

L'essentiel à retenir

Problématique → **Quelles sont les grandes évolutions des institutions et de la société française durant cette période ?**

La Vᵉ République, de la République gaullienne à l'alternance et à la cohabitation

❑ En **1958**, le **retour au pouvoir de Charles de Gaulle** marque le basculement d'une République parlementaire à une Vᵉ République au pouvoir exécutif fort. On parle de **régime présidentiel** pour qualifier le nouveau régime qui rompt avec la IVᵉ République et son régime parlementaire.

❑ Le régime républicain évolue dans les décennies qui suivent, d'abord avec l'**élection du président de la République au suffrage universel direct** (1962), puis avec l'**alternance** et la **pratique de la cohabitation**. Cette faculté d'adaptation explique sans aucun doute la longévité de la Vᵉ République.

Mots-clés

Alternance : passage au pouvoir d'une tendance politique à une autre.

Cohabitation : situation dans laquelle le président de la République, suite à une défaite électorale, doit choisir un Premier ministre dans une autre famille politique que la sienne.

Conseil national de la Résistance (CNR) : organisation créée par Jean Moulin en 1943 pour unifier les différents courants de la Résistance et préparer le retour de la démocratie.

Féminisme : ensemble des idées et des actions entreprises en faveur de l'égalité entre femmes et hommes.

IVG : interruption volontaire de grossesse (nom légal de l'avortement).

Régime présidentiel : régime politique dans lequel le pouvoir du président de la République, à la tête de l'exécutif, est très fort (ce qui implique un pouvoir législatif plus faible).

République : régime politique dans lequel le peuple est souverain.

Schéma de synthèse

Françaises et Français dans une République repensée

Une République qui évolue

- **Retour de la démocratie/ République** (1944-1946)
- **Présidentialisation du régime** (1962)
- **Alternance** (1981) **et cohabitations** (3 fois)

Un contexte économique et social changeant

- **Urbanisation**
- **Immigration**
- **Montée du chômage dans un contexte de dépression économique** (années 1970)

Des évolutions politiques et culturelles

- **Poids croissant des jeunes dans la population** (baby-boom, vote à 18 ans en 1974)
- **Une jeunesse contestataire** (Mai 1968)
- **L'émancipation accélérée des femmes** à partir des années 1970

Schéma à compléter
liennathan.fr/9a6va7

THÈME 1

Les dynamiques territoriales de la France contemporaine

LES ENJEUX

❑ Les dynamiques urbaines ont modifié la répartition des populations et des activités, transformant profondément le territoire national. Toujours plus ouvertes sur l'Europe et le monde, les aires urbaines françaises sont devenues à la fois plus étendues et plus diversifiées.

❑ Le territoire français est également constitué d'espaces de faibles densités. Pour autant, ces espaces ne sont pas sans atouts et font l'objet de mises en valeur diverses.

Problématique → **Comment les territoires de la France s'intègrent-ils aux espaces européen et mondial ?**

UN AMÉNAGEMENT URBAIN : LE ROLLER SKATE PARK DES CHARTRONS À BORDEAUX

La Mairie de Bordeaux a confié au graffeur Georges Bouey, alias Mad, la réalisation d'une fresque murale.

SOUS-THÈME 1 Les aires urbaines, une nouvelle géographie d'une France mondialisée

* Comment les aires urbaines françaises contribuent-elles à relier le territoire français au monde ?
* Quelles sont les dynamiques à l'œuvre derrière la diversité des espaces urbains ?

pp. 86 à 91

SOUS-THÈME 2 Les espaces de faible densité et leurs atouts (espaces ruraux, montagnes, secteurs touristiques peu urbanisés)

* En quoi le tourisme vert contribue-t-il au dynamisme des espaces ruraux ?
* Comment mettre en valeur les espaces de montagne ?

pp. 92 à 97

Capacités

L'étude permet à l'élève :
– de caractériser, à partir d'une étude de cas, ce qu'est un espace urbain ou un espace rural ;
– de décrire la répartition de la population sur le territoire et les mobilités spatiales de cette population ;
– d'identifier, à partir de l'exemple d'un espace de faible densité, ses contraintes et ses atouts ;
– de compléter un croquis simple de la répartition spatiale de la population et de ses dynamiques.

Compétences

- Caractériser un espace plus complexe.
- Situer des lieux et des espaces les uns par rapport aux autres.
- Réaliser des productions graphiques et cartographiques.

Repères

- Localiser et situer le territoire métropolitain et ultramarin en Europe et sur le planisphère.
- Placer et nommer les dix premières aires urbaines sur une carte.
- Les principaux espaces fortement peuplés.
- Des grands repères physiques : massifs montagneux et forestiers
- Grandes vallées et grands fleuves
- Domaines bioclimatiques

REPÈRES

DOC. 1 La population et les grandes aires urbaines en France

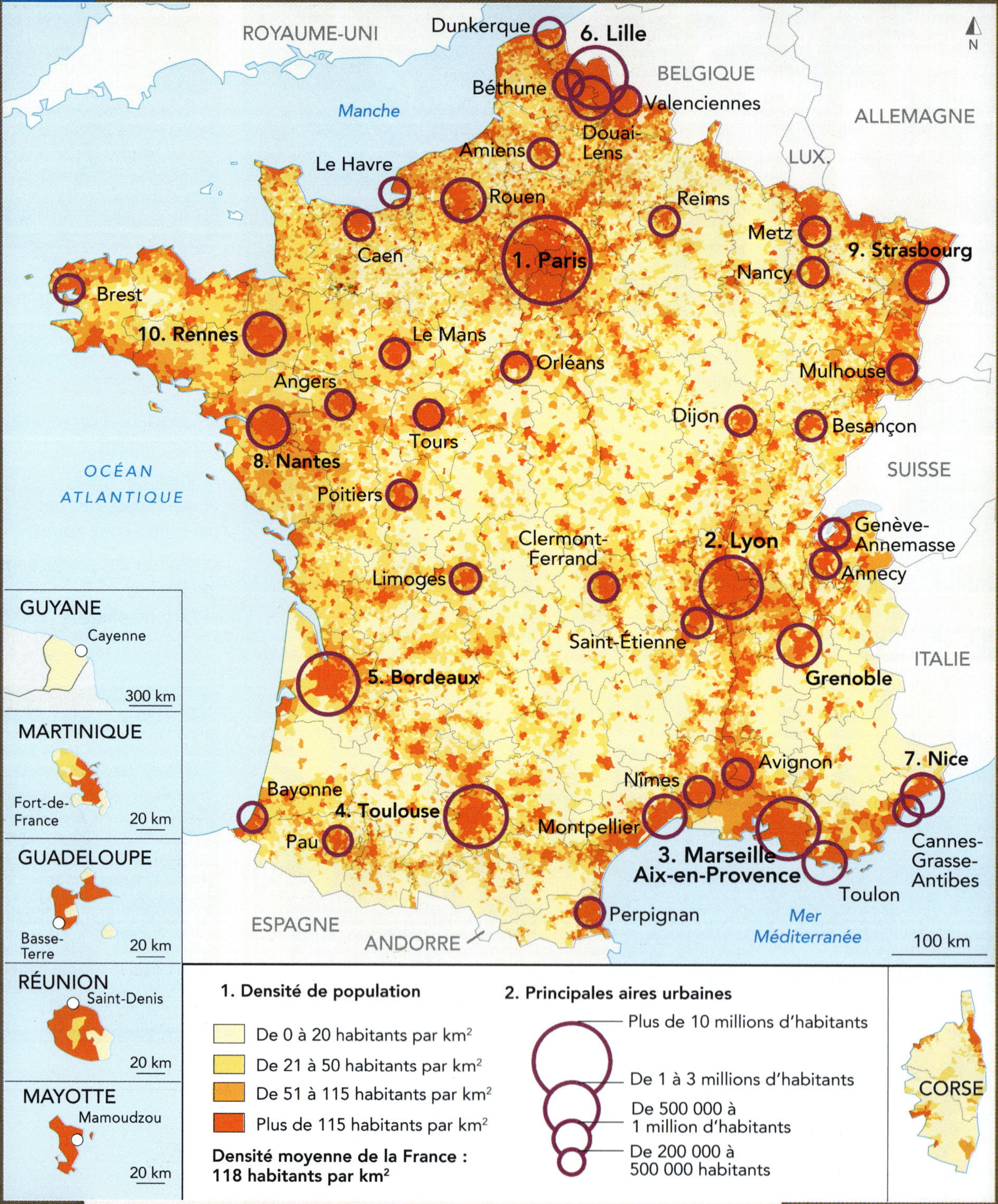

→ **Dans quelles parties du territoire français les aires urbaines sont-elles les plus importantes ?**

DOC. 2 La France en Europe

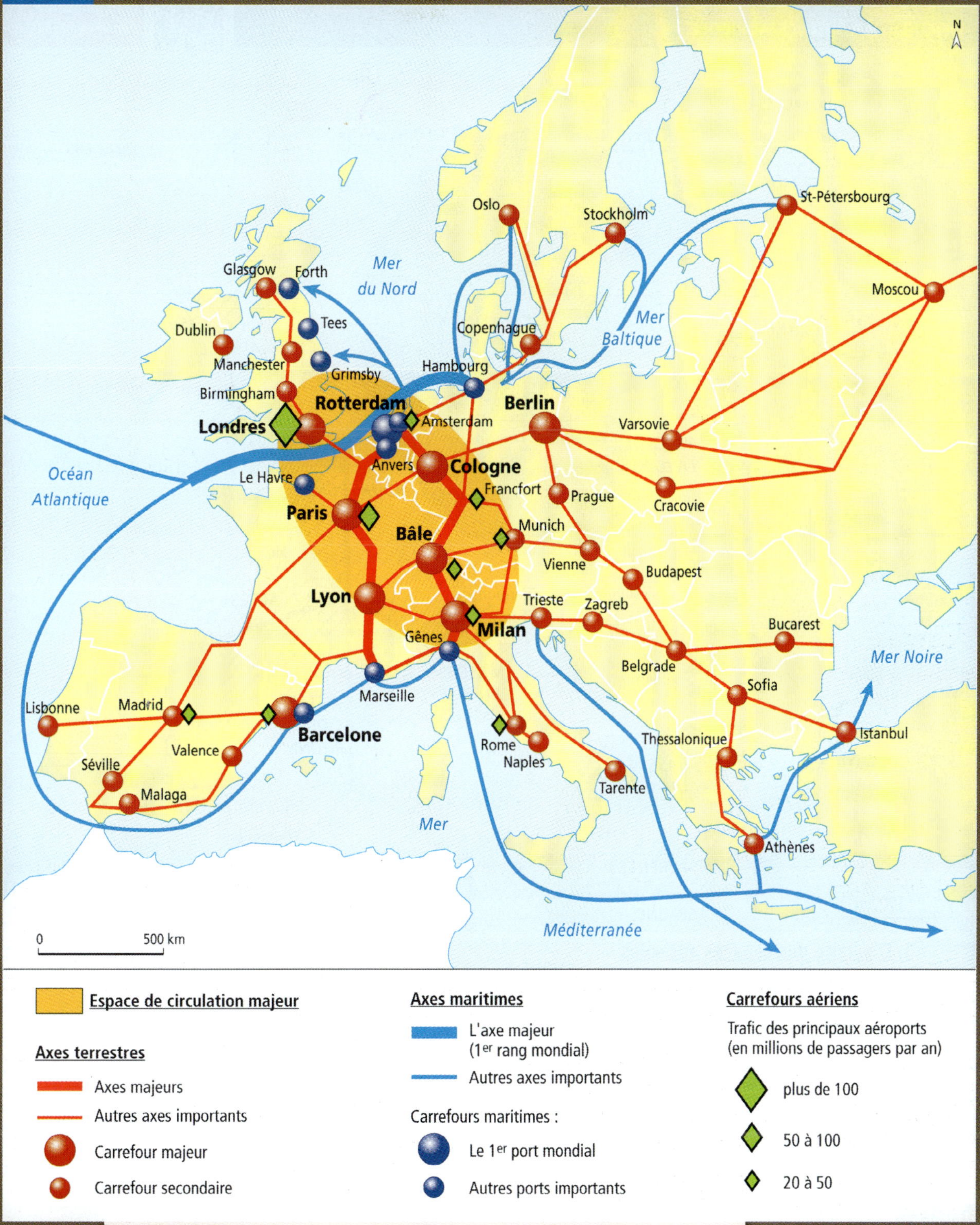

→ De quelle manière le territoire national est-il relié au reste de l'Europe ?

REPÈRES

DOC. 3 La France agricole

Carte interactive
liennathan.fr/995eqb

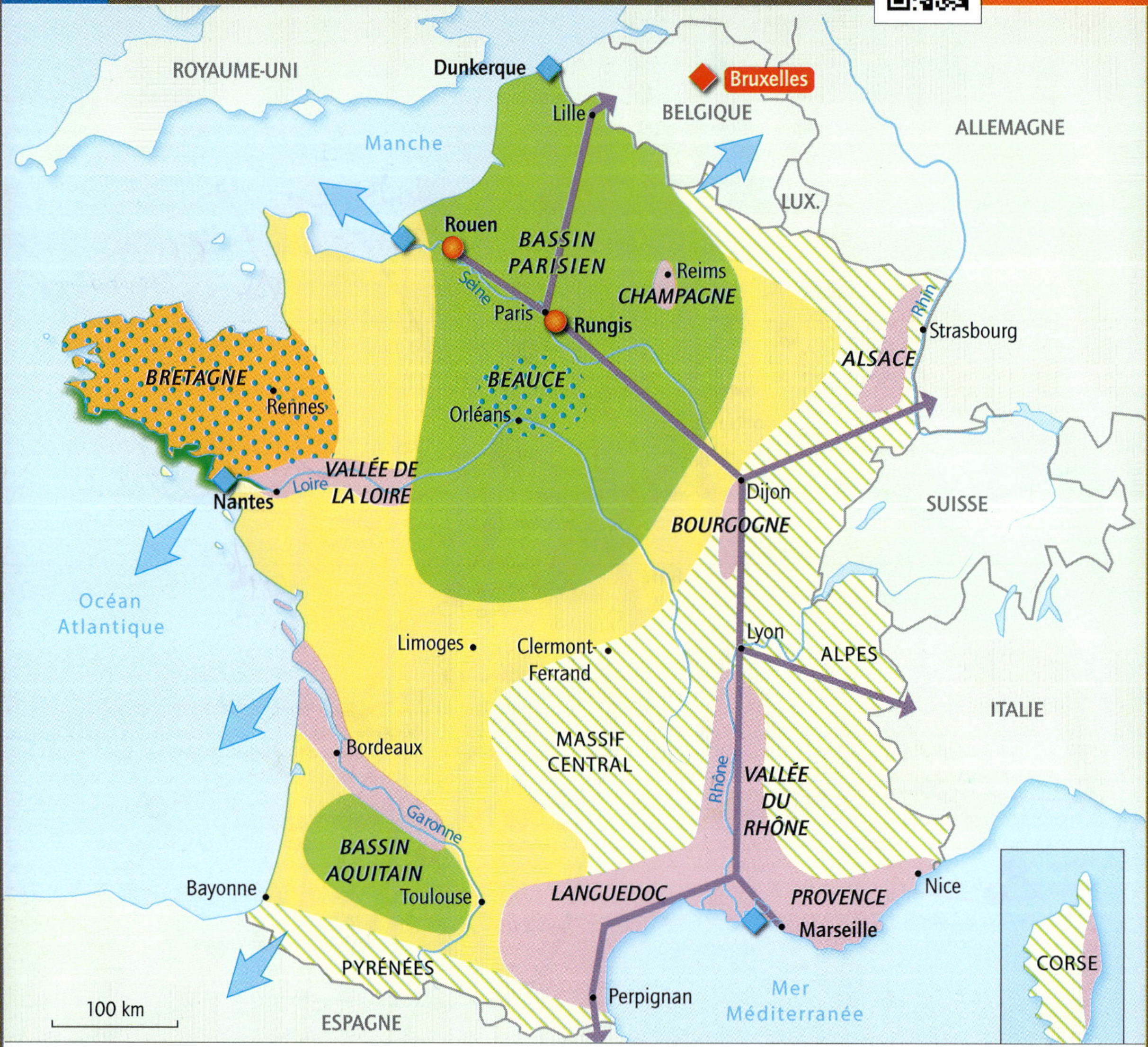

1. Diversité des espaces agricoles
- Grande culture à dominante céréalière
- Culture et élevage intensifs
- Culture spécialisée (vignoble, culture maraîchère)
- Polyculture et élevage

2. Insertion de l'agriculture dans l'espace européen et mondial
- MIN (marché d'intérêt national)
- Autoroutes
- Principaux ports
- Principaux flux d'exportations
- Siège de l'Union européenne (PAC)

3. Enjeux environnementaux
- Zone de pollution des eaux
- Progression de la friche ou du reboisement
- Algues vertes

1. Quelle est la production agricole la plus dispersée sur le territoire ?
2. Relevez les éléments qui montrent que l'agriculture française produit pour exporter.

Carte interactive
liennathan.fr/s84fe9

DOC. 4 La France industrielle

Source : Nathan, 2016.

→ Quelle est la différence entre la France du Sud et de l'Ouest et celle du Nord et de l'Est ?

COURS

Comment les aires urbaines françaises contribuent-elles à relier le territoire français au monde ?

Une évolution

DOC. 1 LES GRANDES AGGLOMÉRATIONS FRANÇAISES DEPUIS QUINZE ANS

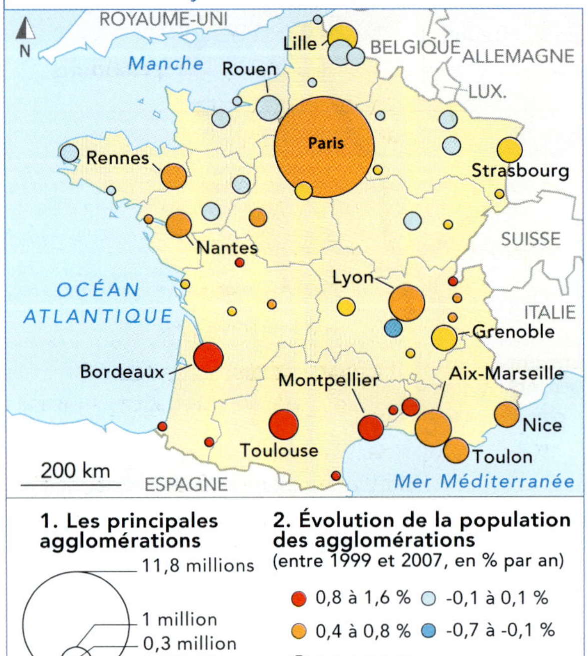

Source : INSEE, 2011.

Une analyse

DOC. 2 LES FORCES ET LES FAIBLESSES DES MÉTROPOLES FRANÇAISES

Les métropoles françaises occupent dans le panorama européen une position particulière :

• Paris est le fer de lance – avec Londres – dans la compétition des villes mondiales.

• Aucune des villes françaises, hors Paris, n'atteint le niveau de rayonnement des principales métropoles européennes. [...]

• Les villes françaises ont des forces reconnues dans plusieurs domaines : accessibilité globalement satisfaisante, nombre de sites culturels et de grandes manifestations, présence estudiantine importante, activité globalement diversifiée.

• Leur rayonnement scientifique est encore modeste hors Paris, malgré un fort potentiel universitaire.

• Les faiblesses les plus marquées concernent les domaines liés à l'économie (présence de grands groupes, banques internationales, foires et salons internationaux...).

« Imaginer les métropoles d'avenir », rapport de Dominique Perben pour l'Assemblée nationale et la présidence de la République, janvier 2008.

MENER L'ÉTUDE

1. Où se situent les agglomérations où la population augmente le plus ? **(DOC. 1)**

2. Pourquoi peut-on dire que Paris occupe une place particulière ? **(DOC. 1)**

3. Quels sont les points forts des villes françaises ? **(DOC. 2)**

4. De quels handicaps souffrent-elles en comparaison avec les villes européennes ? **(DOC. 2)**

5. Identifiez les moyens de transport qui relient Paris à l'Europe et au monde. **(DOC. 3)**

6. Relevez les activités qui font de Paris une métropole de rang mondial. **(DOCS 2 ET 3)**

7. De quelle manière Euralille se distingue-t-il du reste du paysage urbain ? **(DOC. 4)**

8. En vous aidant des documents 1 et 4, montrez que la localisation de Lille est un atout pour son développement. **(DOCS 1 ET 4)**

Synthèse

Montrez que les aires urbaines françaises sont connectées au reste du monde.

Mots-clés

Aire urbaine : espace continu qui se compose d'une ville-centre, de ses banlieues immédiates et d'une couronne périurbaine.

Métropole : grande ville qui organise, domine et influence une région, un pays, voire un continent.

Agglomération : ensemble des territoires de banlieue bâtis en continu à partir d'une ville-centre.

Domaine 2 : Je comprends le monde
Domaine 5 : J'établis des liens entre l'espace et l'organisation des sociétés

Une situation particulière

DOC. 3 L'Ile-de-France, une région métropolitaine de rang mondial

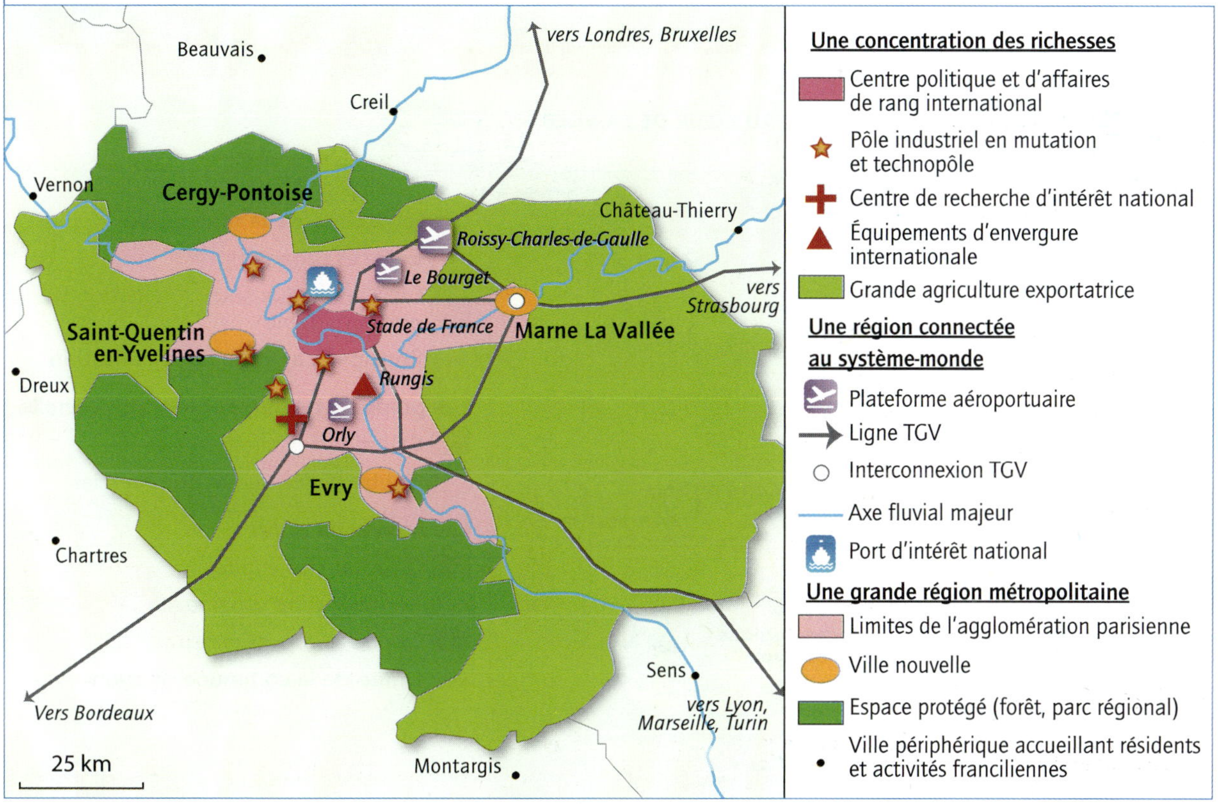

Une dynamique régionale

DOC. 4 Euralille et l'effet frontière

❶ *Gare de Lille-Flandres*
❷ *Centre commercial Euralille*
❸ *Lille Grand Palais (salle de spectacle, palais des Congrès)*
❹ *Tour de Lille-Europe (service aux entreprises)*
❺ *Tour de bureaux*
❻ *Gare TGV Lille-Europe*

Quelles sont les dynamiques à l'œuvre derrière la diversité des espaces urbains ?

Une agglomération

DOC. 1 LYON, DES PÔLES MULTIPLES AU CŒUR DE LA VILLE

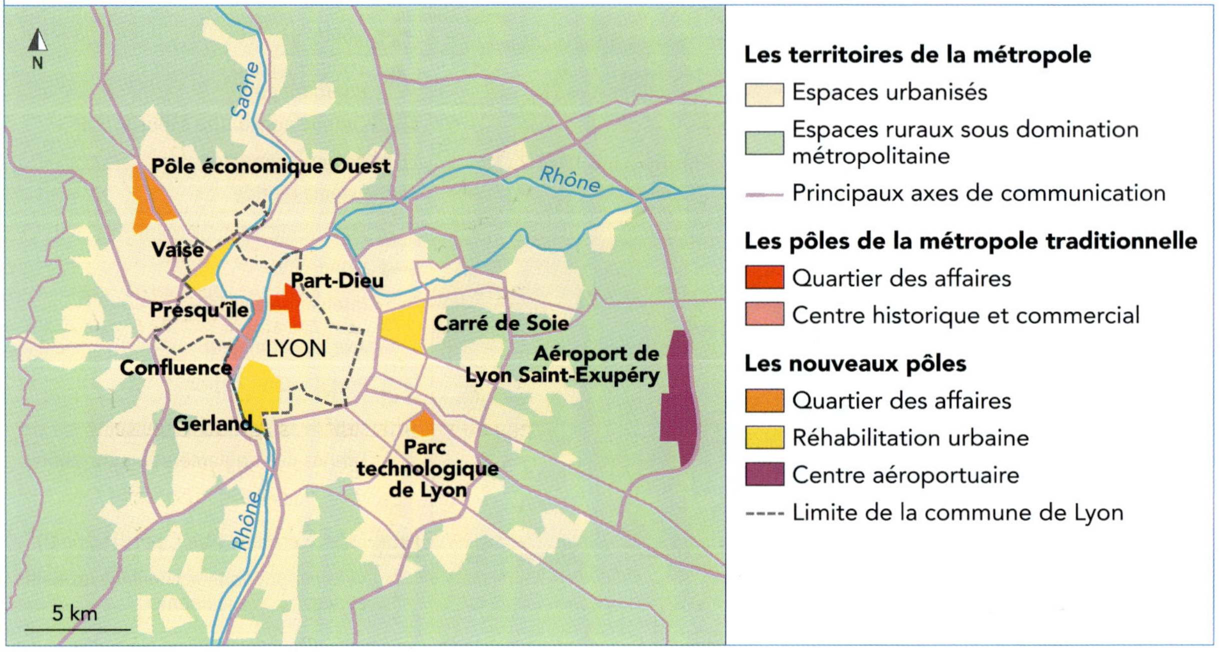

Une fonction

DOC. 2 UNE GRANDE ZONE COMMERCIALE : PLAN DE CAMPAGNE (BOUCHES-DU-RHÔNE)

La zone commerciale de Plan de Campagne est l'une des plus grandes de France, avec près de 400 enseignes. Elle est desservie par une voie express qui la relie à Aix-en-Provence et Marseille.

Domaine 2 : J'organise mon travail dans le cadre d'un groupe pour élaborer une tâche commune
Domaine 4 : Je formule des hypothèses et je les vérifie

Un paysage

DOC. 3 La cité des Courtillières à Pantin (Seine-Saint-Denis)

Un immeuble sinueux de 1,5 km de long constitue le cœur du grand ensemble des Courtillières, réalisé dans les années 1960. Il compte également une quinzaine de tours en étoiles et rassemble 1 600 logements sociaux. La municipalité a entrepris la rénovation de ce quartier qui a mal vieilli.

Un enjeu

DOC. 4 Le problème des logements à Bordeaux

Aujourd'hui, l'offre de logements est insuffisante, et ce malgré une politique volontariste[1] en matière de construction de logements pour accueillir les nouveaux habitants sur la métropole là où sont les emplois, les services et les infrastructures. L'un des enjeux principaux du projet métropolitain est donc d'améliorer sensiblement la production de logements dans les vingt prochaines années : au travers de grandes opérations d'aménagement qui totalisent une prévision de construction de 20 000 logements d'ici à 2025, mais aussi dans le cœur d'agglomération, le long des axes de transport en commun actuels ou à venir au travers de l'opération « 50 000 logements ».

L'enjeu de cette amélioration n'est cependant pas que quantitatif : il s'agit aussi et surtout de produire des logements adaptés aux besoins des habitants, pour un coût accessible à des ménages qui aujourd'hui sont contraints de se loger hors de la métropole.

Communauté urbaine de Bordeaux, « Les enjeux en matière de logement du projet métropolitain : la combinaison de vastes projets urbains et d'actions d'amélioration de la qualité de vie », INSEE Aquitaine, septembre 2013.

1. Action déterminée pour forcer le cours des événements.

MENER L'ÉTUDE

Équipe 1 – Les dynamiques urbaines

1. Peut-on identifier un centre-ville unique à Lyon ? Justifiez votre réponse. **(DOC. 1)**

2. Montrez que certains quartiers connaissent une dynamique récente. **(DOC. 1)**

3. Pourquoi ces grandes surfaces sont-elles implantées en périphérie de l'agglomération ? **(DOC. 2)**

4. À quoi voit-on que la zone commerciale est encore en expansion ? **(DOC. 2)**

Équipe 2 – Le problème du logement urbain

1. Décrivez ce paysage urbain. **(DOC. 3)**

2. Peut-on voir des activités économiques au sein de ce quartier ? En quoi cela pose-t-il problème ? **(DOC. 3)**

3. Combien de logements la métropole de Bordeaux compte-t-elle construire ? **(DOC. 4)**

4. Dans quelle partie de la ville ces logements doivent-ils être implantés ? **(DOC. 4)**

Synthèse

Équipe 1 – Les dynamiques urbaines
À l'aide des documents 1 et 2, montrez que l'espace urbain se modifie et s'étend en fonction des activités économiques.

Équipe 2 – Le problème du logement urbain
À l'aide des documents 3 et 4, montrez que le problème du logement urbain n'est pas traité de la même manière par les pouvoirs publics selon les époques et les populations concernées.

Le mode de vie périurbain

TÂCHE COMPLEXE

Consigne

Vous êtes responsable en communication dans une commune située à une trentaine de kilomètres de Paris. La maire souhaite mener un projet de construction immobilière. Elle vous demande de concevoir une affiche publicitaire qui vante les atouts de ces nouveaux logements.

Les éléments clés de l'enquête

★ **Périurbain** : espace rural qui s'urbanise en périphérie d'un centre urbain et sous son influence.

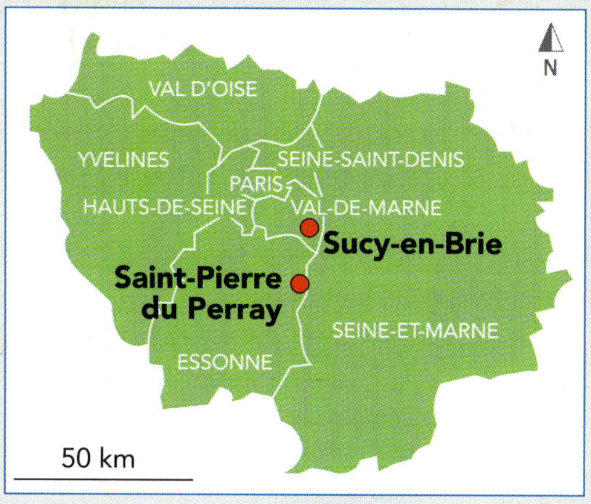

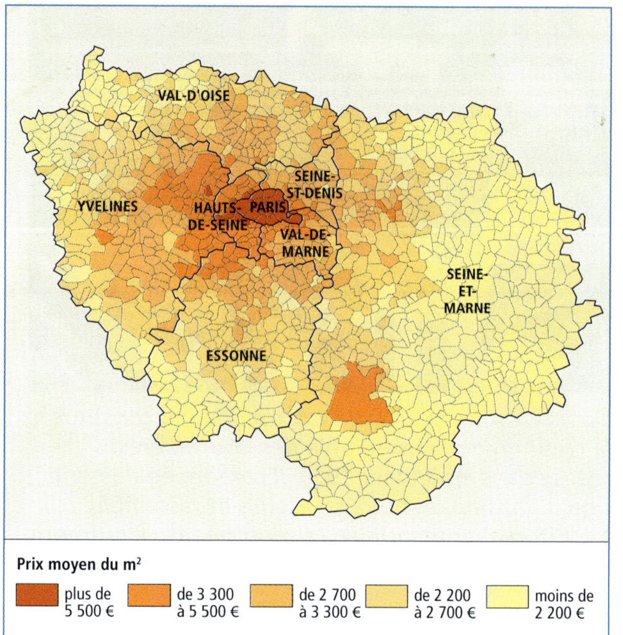

Source : www.meilleursagents.com, 2015.

DOC. 1 LE PRIX DE L'IMMOBILIER EN ÎLE-DE-FRANCE (2015)

DOC. 2 LES LOURDES CONTRAINTES DE LA VIE PÉRIURBAINE (SUCY-EN-BRIE, VAL-DE-MARNE)

Sucy comme beaucoup de communes souffre d'une pénurie de places en crèche. La liste d'attente est longue. [...] Quand leur fille est née, Anne-Sophie et Cédric Musso, 33 ans tous les deux, [...] ont pris la liste des assistantes maternelles agréées de la commune [...]. Les noms ont commencé à filer, les refus à tomber. [...]. Il y avait celles qui ne commençaient qu'à 9 heures ou celles qui finissaient impérativement à 18 heures. C'était une manière polie d'exclure de facto les usagers du RER. [...] Et puis [...] arriva le numéro de Mme Dumont [...]. La nounou acceptait de prendre l'enfant à 8 heures et de la garder jusqu'à 19 heures. Elle acceptait surtout l'idée que les deux parents prennent le RER, avec ce que cela comportait d'aléas. [...]

De son bureau à la porte de Mme Dumont, Anne-Sophie Musso met théoriquement cinquante-cinq minutes d'un trajet qui comporte métro, RER et voiture. Par sécurité, elle tente d'ajouter un quart d'heure de battement [...]. Mais cela ne suffit pas toujours.

D'après Benoît Hopquin, sucyenbrie.blog.lemonde.fr, le 6 février 2012.

DOC. 3 UN LOTISSEMENT PÉRIURBAIN

Saint-Pierre-du-Perray (Essonne), à proximité de la ville nouvelle de Sénart, se trouve en bordure de Seine. La commune compte 8 000 habitants.

QUESTIONS

1 J'observe et je décris

1. Pour quelle raison les logements neufs se construisent-ils à distance de Paris ? **(DOC. 1)**
2. Décrivez ce paysage. **(DOC. 3)**
3. Quels sont les atouts de ce cadre de vie pour les habitants ? **(DOC. 3)**
4. D'après vous, quel est le principal mode de transport pour les habitants ? **(DOC. 3)**

2 Je cherche à comprendre

5. Quelle est la grande difficulté de la vie quotidienne des Musso, d'après le texte ? **(DOC. 2)**
6. Quelles difficultés nouvelles vont se poser quand la fille des Musso va grandir ? **(DOC. 2)**
7. Construisez une liste d'activités de la vie familiale qui nécessitent l'usage de la voiture pour les habitants du périurbain.

3 Je produis mon affiche

À l'aide des réponses apportées grâce à l'étude de ces documents, proposez un slogan et une image qui rendent compte des atouts du projet immobilier.

En quoi le tourisme vert contribue-t-il au dynamisme des espaces ruraux ?

Un cadre

DOC. 1 La France des parcs naturels

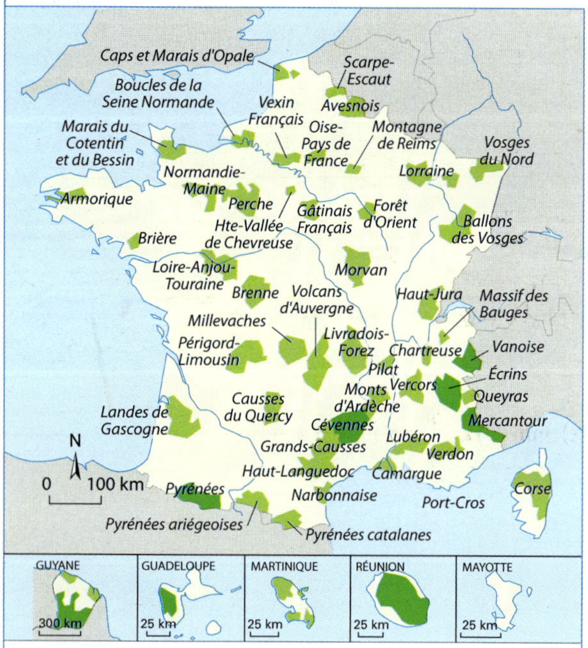

Une mise en valeur

DOC. 2 Le Parc régional du Pilat (Auvergne-Rhône-Alpes)

La Charte du Parc

C'est un contrat de 10 ans, passé entre les collectivités et l'État, qui définit les grandes actions à mener sur le territoire du Parc, ainsi que les moyens à mettre en œuvre pour y parvenir.

Le Parc est géré par un syndicat mixte dont les membres sont :
- les 47 communes rurales de son territoire ;
- les 16 villes portes ;
- les départements de la Loire et du Rhône ;
- la région Auvergne Rhône-Alpes.

MENER L'ÉTUDE

1. Pourquoi peut-on dire que la France est un pays de parcs naturels ? **(DOC. 1)**

2. Quels atouts touristiques ces parcs peuvent-ils proposer ? **(DOCS 1 ET 2)**

3. Combien de collectivités territoriales se sont réunies pour constituer ce parc ? **(DOC. 2)**

4. De quelles infrastructures la commune dispose-t-elle pour recevoir les touristes ? **(DOC. 3)**

5. Quels sont les atouts mis en avant par cette affiche ? **(DOC. 3)**

6. Quels types d'activités ce parc propose-t-il à son public ? **(DOC. 4)**

7. À quel public cet équipement est-il destiné, selon vous ? **(DOC. 4)**

Mots-clés

Parc naturel national : territoire protégé et géré par l'État du fait de sa richesse naturelle exceptionnelle.

Parc naturel régional : territoire naturel délimité par des collectivités territoriales qui veulent protéger sa richesse naturelle ou patrimoniale.

Synthèse

Rédigez un paragraphe de quelques lignes qui présente les atouts dont le monde rural dispose pour développer des activités touristiques.

Une promotion

DOC. 3 LES ATOUTS D'UNE PETITE VILLE TRADITIONNELLE (VILLEREST, LOIRE)

Villerest (Loire) : une ville à la campagne

Cité de 4 600 habitants, appartenant à la petite couronne de l'agglomération roannaise, à la campagne et sur les bords de Loire, Villerest est aujourd'hui une ville résidentielle. [...]

Villerest est une cité bien vivante. Elle le doit aux petits commerces implantés au cœur du bourg et à un service de santé particulièrement étoffé. Une zone commerciale se développe à l'entrée ouest de l'agglomération roannaise. [...]

Un tissu associatif varié et efficace (pas moins de 44 associations) participe activement à l'animation de la cité.

Pôle touristique en devenir, Villerest dispose déjà d'infrastructures diverses et de qualité (hôtels, restaurants, chambres d'hôtes).

Une activité agricole non négligeable subsiste, orientée vers l'élevage et dynamisée par deux centres équestres. Le plus vieux vignoble répertorié dans le Roannais continue de produire un vin remarquable sur la colline de Saint-Sulpice.

Site de la mairie de Villerest (extraits), juin 2012.

Une infrastructure

DOC. 4 UN PARC D'ATTRACTIONS EN MILIEU RURAL (CENTER PARCS DE VERNEUIL-SUR-AVRE, EURE)

Comment mettre en valeur les espaces de montagne ?

Une tradition

DOC. 1 La tomme de Savoie, un fromage de montagne

Publicité pour la tomme de Savoie.

Mot-clé

Enclavement : se dit d'un territoire qui souffre du manque d'échanges avec l'extérieur. Cet enclavement peut être dû à la distance, à l'insularité, aux reliefs ou au manque d'infrastructures de transport et de communication.

Un équipement

DOC. 2 Le barrage de Serre-Ponçon (Hautes-Alpes)

SOCLE Compétences
Domaine 1 : Je maîtrise la langue française à l'écrit
Domaine 5 : Je comprends les principales caractéristiques du territoire national

Une activité

DOC. 3 Le parapente dans les Pyrénées

Un territoire

DOC. 4 La politique du Parc national de la Vanoise (Savoie)

La Vanoise est entourée d'un immense domaine skiable, le plus grand du monde, et bénéficie d'un accès facile. Les pressions touristiques et urbaines de cet espace sont donc considérables. L'économie locale est prospère et essentiellement tournée vers le tourisme hivernal. Sa faune, sa flore et ses paysages sont prestigieux et connus mondialement. Le souci de communiquer sur la protection du patrimoine pour les faire partager aux collectivités territoriales est essentiel. Progressivement, les acteurs du tourisme, de l'agriculture de montagne et du pastoralisme[1], de l'urbanisme et de la gestion du paysage voient dans le Parc national un allié pour la préservation de leur capital nature. Depuis sa création en 1963, le Parc national a noué de nombreux partenariats.
Ses objectifs de gestion visent à :
– mettre en œuvre une gestion de l'espace et du patrimoine qui prenne en compte la biodiversité et le caractère du parc ;
– renforcer la démarche de développement durable, en développant notamment la communication en direction des populations locales, des scolaires et de publics spécifiques. Le Parc national a développé un puissant réseau d'information pour le public en partenariat avec les collectivités et les grandes associations de montagne et de protection de la nature ;
– inscrire le Parc national dans une perspective transnationale à l'échelle alpine et européenne.

http://www.parcsnationaux.fr

1. Pastoralisme : élevage de montagne.

MENER L'ÉTUDE

1. De quelle manière l'affiche met-elle en évidence le terroir d'où ce fromage est issu ? **(DOC. 1)**

2. Quelles sont les activités nécessaires à la production du fromage ? **(DOC. 1)**

3. Quels sont les atouts d'un barrage pour la montagne ? **(DOC. 2)**

4. De quels atouts ce Parc national dispose-t-il pour le développement du territoire ? **(DOC. 4)**

5. Quels sont les objectifs qu'il se donne pour les acteurs locaux et les populations ? **(DOC. 4)**

6. En quoi peut-on dire que ce type d'activité est complémentaire du sport d'hiver ? **(DOC. 3)**

Synthèse

À l'aide des documents, présentez les activités qui permettent aux espaces de montagne de dépasser les contraintes de l'enclavement.

TÂCHE COMPLEXE

Vulcania, un parc d'attraction au milieu des volcans

Consigne

Vous êtes un(e) spécialiste de la communication.
La direction de Vulcania vous demande de concevoir un dépliant pour faire la promotion du site et encourager les touristes à y venir plus nombreux.

Les éléments clés de l'enquête

★ Vulcania est un parc d'attraction ouvert depuis 2002 au cœur des volcans d'Auvergne, une chaîne de 70 volcans éteints en Puy-de-Dôme. Il propose des activités de loisir et d'éducation liées au volcanisme.

★ Lors de son ouverture, 800 000 touristes étaient espérés chaque année, ce qui devait créer 200 emplois en haute saison et 500 emplois induits.

DOC. 1 Vulcania vu de près

DOC. 2 La fréquentation touristique de Vulcania

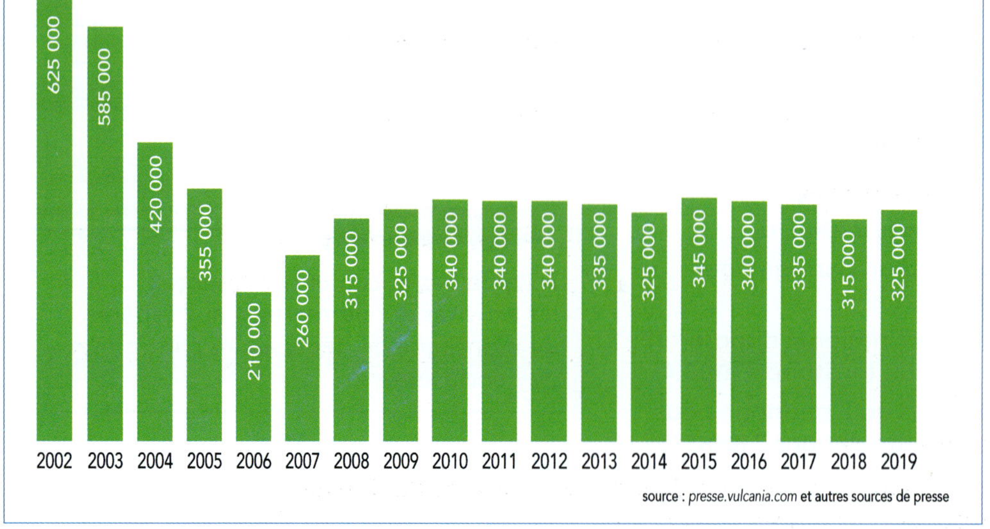

source : *presse.vulcania.com* et autres sources de presse

DOC. 3 VULCANIA, UN PARC DE LOISIRS AU MILIEU DES VOLCANS

QUESTIONS

1 J'observe et je décris

1. Quels types d'activités humaines peut-on apercevoir dans ce paysage ? **(DOC. 3)**

2. Combien de volcans éteints peut-on apercevoir sur cette photographie ? **(DOC. 3)**

3. Quels types de bâtiments accueillent les activités de mise en scène du volcanisme ? **(DOCS 1 ET 3)**

2 Je cherche à comprendre

4. Quels atouts touristiques sont mis en avant par le projet Vulcania ? **(DOC. 3)**

5. Combien d'emplois devaient être créés dans la région par l'activité de Vulcania ? **(ÉLÉMENTS CLÉS)**

6. Comparez le nombre de visiteurs espérés et le nombre de visiteurs réels. Que pouvez-vous en déduire ? **(DOC. 2 ET ÉLÉMENTS CLÉS)**

3 Je réalise un dépliant

Concevez un dépliant faisant la promotion de Vulcania. Associez des images à un discours qui présente le site et son originalité.

L'essentiel à retenir

Problématique → **Comment les territoires de la France s'intègrent-ils aux espaces européen et mondial ?**

1 Les aires urbaines, une nouvelle géographie d'une France mondialisée

- Les **aires urbaines françaises** se sont beaucoup étendues depuis quelques décennies. Les activités urbaines se sont déployées sur les territoires ruraux environnants, contribuant à créer un nouveau **mode de vie appelé « périurbain »**.

- De plus en plus puissantes, les principales aires urbaines françaises jouent le rôle de **métropoles nationales, voire européennes** pour quelques-unes **et mondiales dans le cas de Paris**.

- Au sein des aires urbaines, les agglomérations connaissent des dynamiques internes fortes, qui **renouvellent les centres-villes** autant que les rapports de ceux-ci avec les banlieues et les espaces périurbains.

2 Les espaces de faible densité et leurs atouts (espaces ruraux, montagnes, secteurs touristiques peu urbanisés)

- En France, beaucoup de territoires sont relativement **vides et enclavés**. Dans la dynamique générale d'intégration à la mondialisation, ces territoires cherchent à mettre en valeur leurs atouts.

- **Le tourisme vert** est l'un des atouts exploités par les espaces ruraux français. Il s'agit de valoriser les traditions (art de vivre, gastronomie, terroir) mais aussi des activités nouvelles de sports de plein air, aussi bien d'hiver que d'été.

- **Les espaces de montagne**, outre les **activités liées au tourisme**, disposent d'activités économiques traditionnelles, liées par exemple à des productions agricoles (laitages) mais aussi à la production d'**hydroélectricité**.

Tableau de synthèse

Dynamiques territoriales de la France contemporaine

Types d'espaces	Défis ou difficultés à surmonter	Dynamiques en cours
Aires urbaines	– Quartiers anciens, délabrés ou encombrés – Question de l'accès au logement	– Rénovations urbaines – Périurbanisation – Essor des transports alternatifs
Espaces à dominante touristique	– Préserver l'environnement – Résister à la pression urbaine	– Réglementation stricte de la construction et des usages – Promotion des activités à faible empreinte (canyoning, VTT, deltaplanes...)
Espaces de faible densité	– Déprise agricole et rurale – Manque d'attractivité	– Mise en valeur des milieux – Essor du tourisme et des sports d'extérieur

Tableau à compléter
liennathan.fr/57f9sv

Mots-clés

Aire urbaine : espace continu qui se compose d'une ville-centre, de ses banlieues immédiates et d'une couronne périurbaine.

Métropole : grande ville qui organise, domine et influence une région, un pays, voire un continent.

Agglomération : ensemble des territoires de banlieue bâtis en continu à partir d'une ville-centre.

Enclavement : se dit d'un territoire qui souffre du manque d'échanges avec l'extérieur. Cet enclavement peut être dû à la distance, à l'insularité, aux reliefs ou au manque d'infrastructures de transport et de communication.

THÈME 2

Pourquoi et comment aménager le territoire ?

LES ENJEUX

❑ Initié par les pouvoirs publics, l'aménagement du territoire a pour mission de favoriser le développement économique mais également de mener des actions pour réduire les inégalités qui perdurent.

❑ À différentes échelles, des aménagements sont donc entrepris pour tenter de compenser des inégalités économiques, sociales ou d'accès aux équipements publics.

❑ De multiples acteurs (État, collectivités territoriales, entreprises, associations, citoyens) contribuent à l'aménagement du territoire, aussi bien par des actions de concertation que de financement.

Problématique → **Quels sont les enjeux et les acteurs de l'aménagement du territoire ?**

Repenser la ville : le quartier Grand Large à Dunkerque

La communauté urbaine de Dunkerque a réaménagé ses friches industrialo-portuaires. Le Grand Large (ici au second plan) est un quartier durable qui entend concilier réaménagement et développement durable.

SOUS-THÈME 1 Aménager pour répondre aux inégalités croissantes entre les territoires français, à toutes les échelles

* Comment Euroméditerranée transforme-t-il Marseille en une métropole dynamique ?
* Quels sont les enjeux de l'aménagement du territoire ?

pp. 104 à 109

SOUS-THÈME 2 La spécificité des territoires ultramarins français

* Quels défis les territoires ultramarins présentent-ils en termes d'aménagement ?
* Quels sont les enjeux de l'aménagement du territoire à Mayotte ?

pp. 110 à 115

Capacités

L'étude permet à l'élève de :
– décrire les disparités du territoire (métropolitain et ultramarin) ;
– comprendre, à partir d'un exemple d'aménagement local ou régional, la portée de l'aménagement du territoire et les débats qu'il peut susciter ; ces exemples peuvent être choisis dans les territoires ultramarins ;
– compléter un croquis simple de l'organisation du territoire national (métropoles, axes majeurs, ouvertures).

Compétences

- Nommer, localiser et caractériser des espaces complexes.
- Construire des hypothèses d'interprétation de phénomènes géographiques.
- Exploiter des informations.

Repères

- La région administrative de l'établissement
- Les 13 régions métropolitaines
- Les grands traits de l'organisation du territoire national
- Les territoires ultramarins parmi lesquels les 5 DROM

DOC. 1 LES NOUVELLES RÉGIONS MÉTROPOLITAINES

1. Combien de régions la France métropolitaine compte-t-elle ?
2. Dans quelle région votre établissement se trouve-t-il ?

Carte interactive liennathan.fr/x7b77s

DOC. 2 Les principaux aménagements du territoire

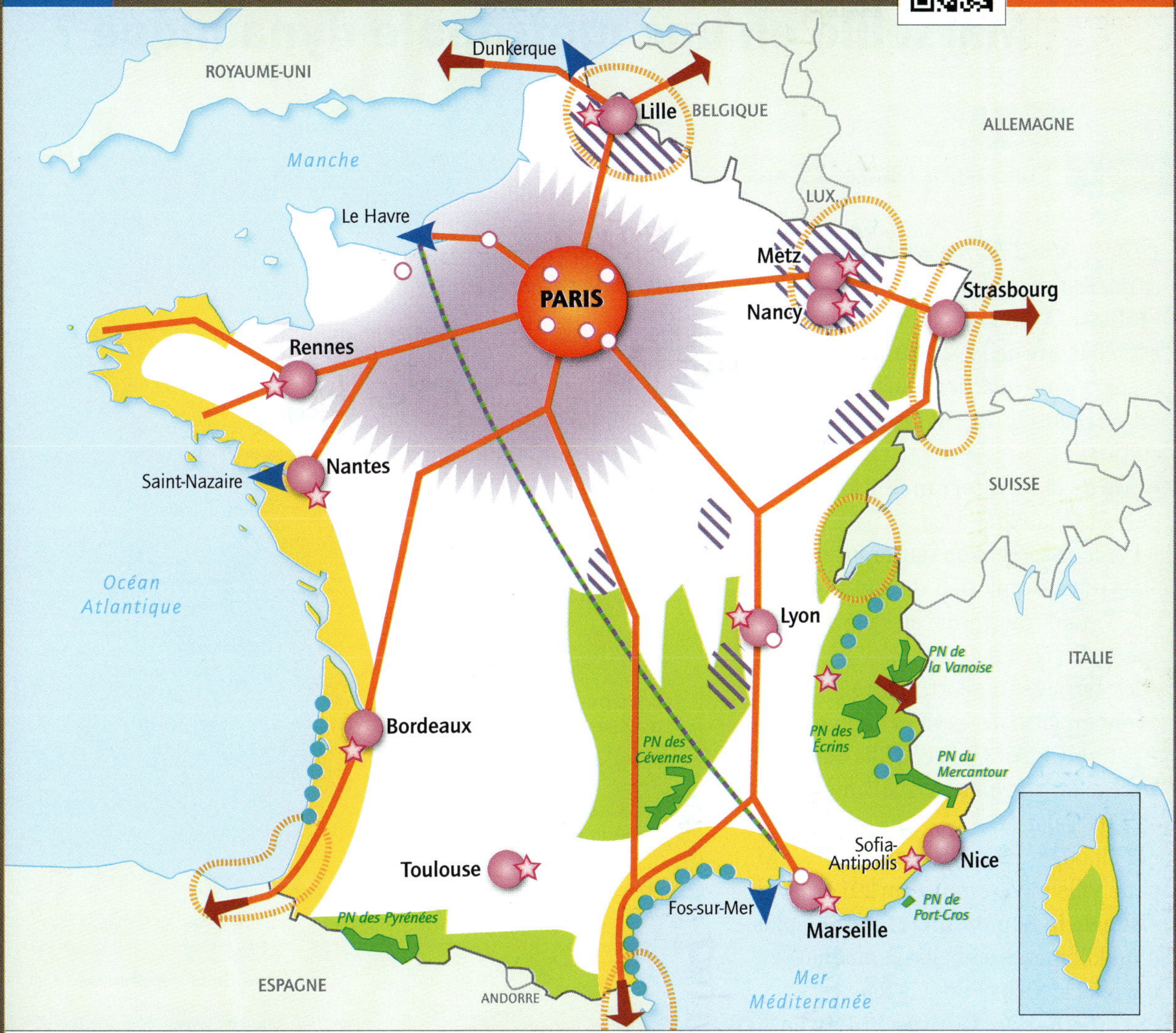

1. Déséquilibres du territoire
- Domination parisienne liée à la centralisation
- Ligne séparant la France industrielle et la France rurale
- Axes majeurs

2. Évolutions liées au développement touristique et à l'ouverture européenne
- Littoraux convoités
- Espaces transfrontaliers attractifs

3. Aménagements du territoire

Impulsés par l'État (DATAR)
- Métropoles d'équilibre
- Zones industrialo-portuaires
- Villes nouvelles
- Espaces de déconcentration industrielle
- Stations touristiques planifiées
- Parcs nationaux
- Aides de la loi Montagne

Issus d'un partenariat entre l'État, l'UE et les collectivités territoriales
- Renforcement des liaisons ferroviaires vers l'UE
- Pôles de compétitivité
- Aides à la reconversion industrielle

100 km

1. Quels sont les principaux espaces concernés par les grands projets d'aménagement ?
2. Quelle est la situation de votre région ?

Comment Euroméditerranée transforme-t-il Marseille en une métropole dynamique ?

Une dynamique

DOC. 1 EUROMÉDITERRANÉE, 25 ANS DE TRAVAUX

Le périmètre d'Euroméditerranée, défini en 1995, est étendu en 2007, ce qui en fait la plus vaste opération de rénovation urbaine d'Europe.

- **Joliette-Arenc :** le bâtiment des Docks est réhabilité de 1992 à 2015 ; développement d'un quartier d'affaires, implantation d'entreprises et installations culturelles.
- **Cité de la Méditerranée**, 3 km de front de mer réhabilités avec :
  – l'enfouissement de l'autoroute littorale ;
  – les espaces culturels du Silo, un ancien silo à grain transformé en salle de spectacle, ouvert en 2011 ;
  – les Terrasses du Port, centre commercial et de services depuis 2014 ;
  – la tour CMA-CGM accueille depuis 2011 le siège du 3e armateur maritime mondial et 2 700 salariés.
- **J4 :** inauguration des musées MuCEM et de Villa Méditerranée en 2013
- **Rue de la République :** artère de plus d'un kilomètre, embellie et aménagée qui relie le Vieux Port à la Joliette.
- **Saint-Charles :** l'arrivée du TGV en 2001 met Marseille à 3 heures de Paris ; autour de la gare, aménagement d'un pôle multimodal (métro, tram, gare routière et échangeur autoroutier).
- **Belle de Mai :** l'ancienne manufacture de tabac est transformée en 2004 en espace d'exposition, résidence d'artistes, pépinières d'entreprises de l'audiovisuel et des nouvelles technologies.
- **Euromed 2 :** parc des Aygalades et création d'une écocité qui devrait accueillir 30 000 habitants et créer 20 000 emplois d'ici 2035.

D'après www.geographie.ens.fr

Mot-clé

Métropole : grande ville qui organise, domine et influence une région, un pays, voire un continent.

SOCLE Compétences

Domaine 1 : Je m'initie aux techniques de l'argumentation
Domaine 5 : J'établis des liens entre l'espace et l'organisation des sociétés

Un résultat

DOC. 2 UN FRONT DE MER MÉTAMORPHOSÉ

1. Siège social de CMA-CGM (1er armateur français)
2. Les Quais d'Arenc (bureaux et logements de standing)
3. Le Silo (entrepôt à céréales transformé en salle de spectacle)
4. Les Terrasses du Port (centre commercial)
5. Les Docks (entrepôts transformés en bureaux et commerces)
6. Villa Méditerranée (centre culturel)
7. MUCEM (musée des Civilisations de l'Europe et de la Méditerranée)
8. Vieux Port

Une question

DOC. 3 LES EFFETS SOCIAUX DU PROJET

Euroméditerranée imite Barcelone et Gênes qui, dès les années 1990, avaient requalifié leur front de mer en expulsant les activités industrielles et portuaires. Mais l'habitat populaire et la culture urbaine traditionnelle sont alors menacés par les normes de la mondialisation. À Marseille, le quartier du Panier, où Marcel Pagnol avait planté ses caméras dans les années 1930 et où se situe aujourd'hui le quartier fictif de *Plus belle la vie*, la série à succès de France3, pourra-t-il résister à la montée en puissance de son voisinage ? Le Panier perd rapidement son âme ; sur les placettes, de nombreux petits commerces et cafés-bars ont fermé, remplacés par des appartements digicodés. L'Hôtel Intercontinental a remplacé l'Hôtel-Dieu dont les murs sont conservés ; sauvetage du patrimoine ou irruption du monde des affaires ?

Raymond Woessner, *Mutation des systèmes productifs – France*, Atlande, 2013.

MENER L'ÉTUDE

1. Relevez les aménagements qui accueillent les activités économiques et culturelles. **(DOC. 1)**

2. Quels sont les transports qui relient Euroméditerranée au reste de la ville ? Et ceux qui la relient au pays et à l'Europe ? **(DOC. 1)**

3. Relevez sur les quais les aménagements qui ont réhabilité des bâtiments existants et ceux pour lesquels on a construit de nouveaux bâtiments. **(DOC. 2)**

4. En quoi la dynamique d'Euroméditerranée rejoint-elle celle d'autres grandes villes européennes ? **(DOC. 3)**

5. Combien de nouveaux habitant sont prévus dans le cadre d'Euroméditerrannée ? **(DOC. 1)**

Synthèse

Montrez que le projet Euroméditerranée répond à un besoin d'adaptation aux dynamiques européennes et qu'il permet de redynamiser les quartiers centraux de la ville.

Quels sont les enjeux de l'aménagement du territoire ?

Un constat

DOC. 1 Les régions où il fait bon vivre

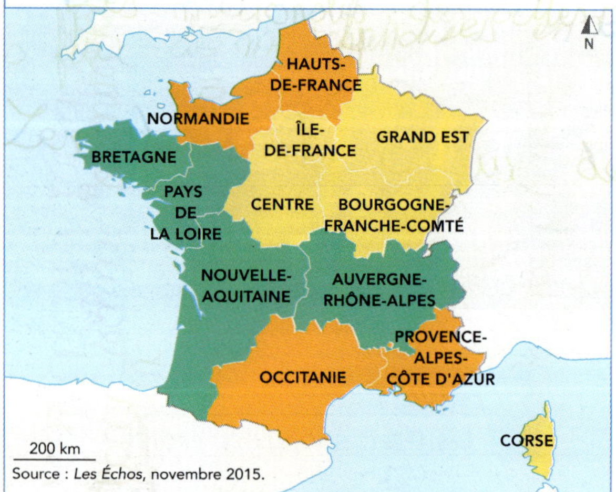

Classement prenant en compte tous les critères
- Les quatre régions les mieux classées
- Les régions intermédiaires
- Les quatre régions les moins bien classées

Critères : chômage, chômage longue durée, emploi 18-25 ans, emploi stable, salaire hommes/femmes, logement, familles monoparentales, baccalauréat, enseignement sup., clubs sportifs, mortalité

Une initiative d'envergure

DOC. 2 Les pôles de compétitivité

Un pôle de compétitivité rassemble sur un territoire bien identifié et sur une thématique ciblée, des entreprises, [...], des laboratoires de recherche et des établissements de formation. Les pouvoirs publics nationaux et locaux sont étroitement associés à cette dynamique. Un pôle de compétitivité a vocation à soutenir l'innovation. Il favorise le développement de projets collaboratifs de recherche et développement (R&D) particulièrement innovants. Il accompagne également le développement et la croissance de ses entreprises membres grâce notamment à la mise sur le marché de nouveaux produits, services ou procédés issus des résultats des projets de recherche. En permettant aux entreprises impliquées de prendre une position de premier plan sur leurs marchés en France et à l'international, les pôles de compétitivité sont des moteurs de croissance et d'emplois. [...] Un pôle de compétitivité repose sur un ancrage territorial fort tout en s'appuyant sur les structures existantes (tissu industriel, campus, infrastructures collectives, etc.).

« Politique des pôles », competitivite.gouv.fr, 30 décembre 2015.

Un enjeu

DOC. 3 Vers l'égalité des territoires en matière de couverture mobile

L'ARCEP, Autorité de régulation des communications électroniques et des postes, est une autorité administrative indépendante chargée de réguler les communications électroniques en France.

21 mai 2015 : réunis par le ministre de l'Économie et la secrétaire d'État au Numérique à Bercy, en présence de l'ARCEP, les quatre opérateurs mobiles nationaux ont pris des engagements afin de résorber toutes les zones blanches[1] de téléphonie mobile. Ils seront tenus de couvrir l'ensemble des centres-bourgs des communes qui ne disposent, à ce jour, d'aucun service mobile (2G) d'ici à la fin 2016. Au-delà des 160 communes déjà identifiées, un recensement va être réalisé dans les prochains mois, afin d'actualiser la liste des communes concernées. Les opérateurs devront également apporter un service d'accès mobile à Internet (3G) aux 2 200 communes aujourd'hui non couvertes avant la mi-2017. Pour assurer l'application de ces deux mesures, l'ARCEP disposera d'un pouvoir de sanction en cas de non-respect des objectifs par les opérateurs.

« Couverture mobile en métropole », arcep.fr, 18 avril 2016.

1. Zones qui ne sont couvertes par aucun opérateur mobile.

Un aménagement

DOC. 4 La gare TGV d'Avignon

Inaugurée en 2001, cette gare TGV met Avignon à 2 h 40 de Paris. Elle se trouve à 3 km du centre-ville d'Avignon, auquel elle est raccordée par un train express régional (TER).

MENER L'ÉTUDE

1. Localisez les régions où il fait bon vivre. **(DOC. 1)**

2. À partir de quels critères le journal *Les Échos* caractérise-t-il une région où il fait bon vivre ? **(DOC. 1)**

3. Quel est l'objectif principal d'un pôle de compétitivité ? **(DOC. 2)**

4. Qui sont les acteurs concernés ? **(DOC. 2)**

5. Quelle inégalité est ici en cause ? **(DOC. 3)**

6. Quels acteurs sont impliqués dans la lutte contre cette inégalité ? **(DOC. 3)**

7. Décrivez ce paysage et ses aménagements. **(DOC. 4)**

8. Pour quelle raison la nouvelle gare ne se trouve-t-elle pas au cœur de la ville ? **(DOC. 4)**

Synthèse

Montrez en quelques lignes les effets possibles de l'aménagement du territoire aux niveaux local, régional et national.

Mots-clés

Acteur : ensemble de personnes (individus, entreprises, organisations, collectivités territoriales, État) pouvant avoir une action sur un territoire.

Pôle de compétitivité : regroupement d'entreprises, d'universités et d'établissements de recherche pour favoriser le développement économique innovant.

Territoire : espace (quartier, commune, région, pays...) occupé et aménagé par l'homme.

MENER L'ENQUÊTE

TÂCHE COMPLEXE

L'organisation du territoire français

Consigne

En prenant votre cahier de géographie, vous voyez une carte en tomber. Vous vous rendez compte qu'elle est incomplète et décidez de la terminer. Complétez les éléments manquants à l'aide des questions.

QUESTIONS

1 J'observe

1. Quelle ville domine le territoire français ? Quelles sont les trois autres villes importantes du territoire ? **(DOC. 1)**

2. Par quelles villes passe le principal axe de transport terrestre ? **(DOC. 1)**

3. Quels sont les territoires les plus dynamiques en France ? **(DOC. 1)**

4. Quels sont les trois types de territoires en difficulté ? Justifiez vos réponses. **(DOC. 1)**

2 Je confronte et je croise les informations

5. Quel nom est donné aux villes les plus puissantes du territoire ? Que signifie ce terme ?

6. Quel est le rôle des réseaux de transport sur le territoire selon cette carte et vos connaissances ?

3 Je fais la synthèse

7. Complétez en légende le titre de chaque partie en choisissant une des trois propositions et en justifiant votre choix :

Partie 1	Partie 2	Partie 3
Les villes françaises	Un territoire inégalement développé	Les flux de marchandises en France
Les espaces ruraux en France	Les différents réseaux de transport en France	Routes, ports et aéroports français
Les métropoles : des villes au cœur du territoire	Paris, une métropole mondiale	Un territoire ouvert sur l'Europe et sur le monde

8. Il faut trouver un sous-titre à cette carte pour compléter le titre « L'organisation du territoire français ». Quelle proposition pouvez-vous faire ?

SOCLE Compétences

Domaine 1 : Je pratique différents langages en géographie
Domaine 5 : J'établis des liens entre l'espace et l'organisation des sociétés

1. ....

Métropole mondiale

Métropoles régionales

2. ....

Cœur du territoire national

Périphéries dynamiques

Régions industrielles en reconversion difficile

Espaces à dominante rurale en déprise

Périphérie éloignée en difficulté

3. ....

Axe majeur de communication

Axe important

Principaux ports

Aéroport international

DOC. 1 L'ORGANISATION DU TERRITOIRE FRANÇAIS

COURS

Quels défis les territoires ultramarins présentent-ils en termes d'aménagement ?

Une diversité

DOC. 1 Les territoires ultramarins français

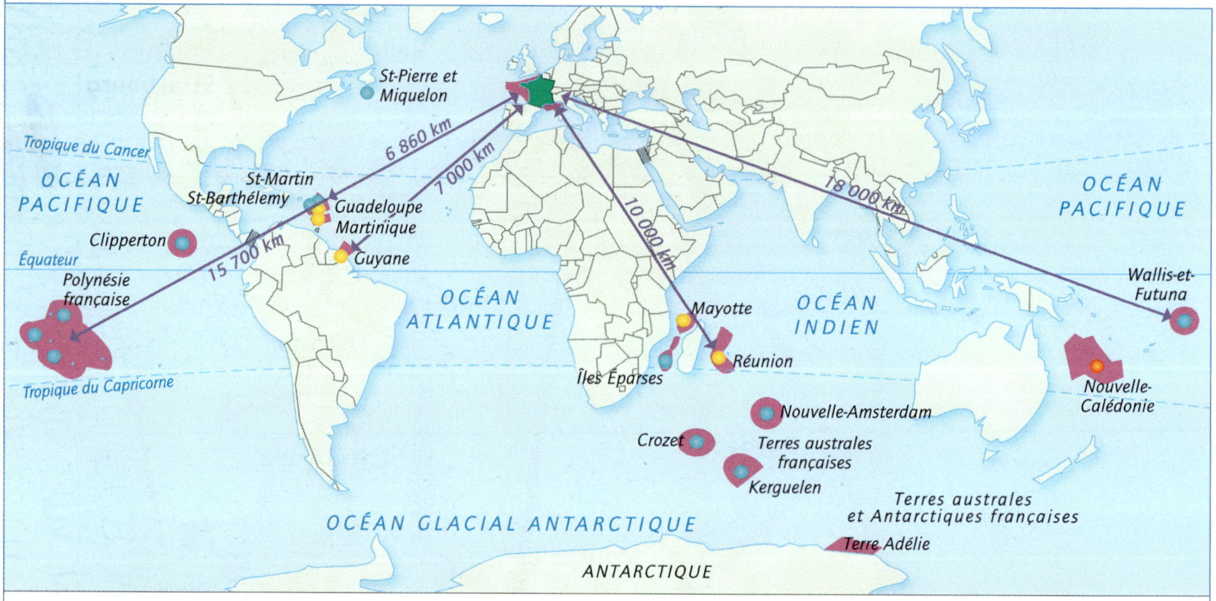

Un défi

DOC. 2 La route des Tamarins sur l'île de La Réunion

Ce pont fait partie d'un vaste aménagement, la route des Tamarins. Inaugurée en 2009, longue de 34 km, cette route permet de franchir un très grand nombre de ravines (l'une d'elles est ici visible) afin de relier le Nord au Sud de l'île.

Mots-clés

Territoire : espace géographique, occupé par une société humaine qui se l'est approprié.

DROM : départements et régions d'outre-mer.

COM : collectivités d'outre-mer.

Métropole : agglomération urbaine ayant une influence sur son territoire.

Une situation

DOC. 3 Les aménagements liés à l'eau en Guadeloupe

Ces dix dernières années, [le conseil général de la Guadeloupe] a mis en œuvre d'importants travaux dont la construction du barrage de Dumanoir, l'interconnexion des réseaux de la Côte au Vent et de la Grande-Terre, l'extension des réseaux et la réalisation de travaux d'amélioration du réseau.
Ainsi, ce sont près de 100 millions d'euros qui ont été investis ces dix dernières années pour améliorer la couverture du réseau d'irrigation et le service aux usagers. [...]
La dernière construction qui concerne le barrage de Dumanoir a été mise en service fin février 2010. Ce nouvel ouvrage a permis de faire face à la demande importante en eau, notamment durant le mois de mars 2010 où les ressources en rivière étaient insuffisantes. Il a donc joué pleinement son rôle dès sa mise en service.
Le rôle de ces barrages est de permettre le stockage d'eau superficielle (rivière) lorsque les ressources sont suffisantes et la restitution de cette ressource pour l'irrigation en période sèche lorsque les rivières sont basses et la demande en irrigation forte.

« Pour un meilleur approvisionnement et une structure unique de production d'eau potable », conseil général de la Guadeloupe, 29 avril 2014.

Un atout

DOC. 4 Le tourisme en Martinique

La Pointe du Bout.

MENER L'ÉTUDE

1. Dans quelles régions du monde se situent les territoires ultramarins ? **(DOC. 1)**

2. Lesquels sont les plus éloignés de la France métropolitaine ? **(DOC. 1)**

3. Localisez les territoires des documents 2, 3 et 4 sur la carte. **(DOC. 1)**

4. Listez les aménagements présentés par les documents 2, 3 et 4.

5. À quels défis ces aménagements répondent-ils ? **(DOCS 2, 3 ET 4)**

Synthèse

Complétez les phrases.

- Les territoires ultramarins français se composent de … .
- Ces territoires connaissent des difficultés, comme … .
- Des aménagements permettent de surmonter les difficultés de ces territoires, par exemple … .

Quels sont les enjeux de l'aménagement du territoire à Mayotte ?

Un constat

DOC. 1 Un département en mal de développement

Vue d'une rue du quartier « Dubaï » à Mamoudzou.

Une revendication

DOC. 2 Une grève pour l'égalité réelle en 2016

En avril 2016, une grève générale et des émeutes urbaines ont éclaté à Mayotte.

Le mouvement réclame l'« égalité réelle » entre Mayotte et la métropole. L'île a choisi en 1976 de rester française, alors que le reste des Comores accédait à l'indépendance, et [elle] est officiellement devenue le 101e département français en mars 2011. Toutefois, elle ne jouit pas encore totalement des mêmes droits que les autres [départements] français dans plusieurs domaines. […]

Les allocations familiales, logement ou retraite ne sont pas calculées de la même façon qu'en France métropolitaine et ont des montants bien inférieurs, même si elles sont revalorisées progressivement. Ainsi, le RSA socle que reçoivent les Mahorais[1] ne représente que 50 % du montant versé dans l'Hexagone (268,08 euros par mois contre 524,68 euros dans l'Hexagone), et il n'était que de 25 % en 2012. […]

Un rapport du député Victorin Lurel sur l'égalité en outre-mer pointe le manque de routes, de production d'énergie ou d'établissements sanitaires et scolaires. Les grévistes réclament d'urgence la construction d'écoles, ainsi que des mesures contre l'insécurité. Ils sont les premiers à dénoncer les dérapages violents qui se sont produits depuis lundi.

« Grève générale et émeutes urbaines : comprendre la situation à Mayotte », *Le Monde*, 14 avril 2016.

1. Habitants de Mayotte.

Un enjeu

DOC. 3 L'état des routes en 2014

Des objectifs

DOC. 4 Aménager et développer les infrastructures

Le département se fixe pour objectifs de maintenir un réseau routier à un niveau satisfaisant sur l'ensemble du territoire pour plus de sécurité et de confort de circulation pour les usagers. En ce qui concerne l'électrification rurale : réduire les surcharges des transporteurs et permettre aux communes dites rurales de disposer d'électricité dans de bonnes conditions. Un chantier très important aujourd'hui. Dans ce domaine, un programme pluriannuel d'investissement a été mis en place pour répondre aux urgences du territoire dans les prochaines années. Le coût prévisionnel de l'investissement s'élève à cinq millions d'euros par an. En matière d'équipements sportifs : l'objectif est de réaliser des équipements sportifs territoriaux aux normes, permettant d'accueillir des compétitions de haut niveau. Il s'agit aussi bien des stades de foot, des gymnases que des pistes d'athlétisme.

« L'aménagement du territoire : une mission importante du département qui répond à un besoin transversal », cg976.fr, site du conseil régional de Mayotte, consulté en octobre 2020.

MENER L'ÉTUDE

1. Mayotte est-elle un département comme un autre du point de vue de son statut ? **(DOC. 2)**

2. Décrivez cette rue. De quel type d'habitat s'agit-il ? **(DOC. 1)**

3. Relevez les éléments qui montrent le retard de développement de Mayotte. **(DOC. 2)**

4. Quel défi les routes de Mayotte représentent-elles ? **(DOCS 3 ET 4)**

5. Quels sont les autres enjeux de l'aménagement du territoire à Mayotte ? **(DOCS 2 ET 4)**

6. Qu'est-ce que l'« égalité réelle » revendiquée par les manifestants ? **(DOC. 2)**

Mot-clé

Infrastructure : ensemble des équipements qui permettent le développement et la mise en valeur d'un territoire (route, aéroport, équipements sportifs…).

Synthèse

Montrez en quelques phrases les enjeux territoriaux et sociaux de l'aménagement du territoire à Mayotte.
Vous utiliserez les termes suivants : développement, égalité, aménagements, infrastructures, équipements, financement.

TÂCHE COMPLEXE

Le pont de l'Oyapock entre France et Brésil

Consigne

Vous voyagez au cœur de la forêt amazonienne et découvrez un peu par hasard un pont flambant neuf mais non emprunté par les populations des deux rives. Pour comprendre les raisons de cette situation, vous menez une enquête. Pourquoi un tel pont a-t-il été construit sur l'Oyapock ?

Les éléments clés de l'enquête

- ★ Le pont sur l'Oyapock relie la ville de Saint-Georges en Guyane (France) et la ville d'Oyapock (Brésil).
- ★ 1997 : rencontre entre le chef d'État français Jacques Chirac et son homologue brésilien Fernando Henrique Cardoso, qui décident de la construction d'un pont entre les deux pays.
- ★ 15 juillet 2005 : signature de l'accord franco-brésilien relatif à la jonction routière entre la Guyane et l'État de l'Amapá (Brésil).
- ★ 13 juillet 2009 : début des travaux.
- ★ 28 mai 2011 : fin des travaux.
- ★ 18 mars 2017 : inauguration du port.
- ★ Le pont est ouvert à la circulation en journée mais les horaires pour les transports de marchandises sont restreints et liés à des contrôles douaniers.

DOC. 1 Un pont pour quoi faire ?

Les attentes économiques ou du moins les prospectives envisagées sont fortes. Du côté français, des travaux d'envergure ont modifié l'entrée du paisible petit bourg de Saint-Georges. [...] Côté brésilien, les derniers kilomètres des infrastructures de connexions à la BR 156 restent à concrétiser. Le pont désormais électrifié illumine la nuit amazonienne, mais pour l'instant nul ne peut le traverser. De part et d'autre, les voies sont barrées et gardées jour et nuit, attendant une inauguration qui tarde à venir. [...]

La communication autour du pont est active. Elle s'efforce de vendre un outil de transit d'envergure à ces deux bouts du monde que sont Saint-Georges et Oyapock. Les affiches relaient le discours persuasif d'un outil de développement essentiel. Le trafic de poids lourds y est mis en scène, ballet dynamique d'un essor économique martelé par des acteurs locaux et institutionnels.

Au-delà de la justification politique, la nécessité d'un tel ouvrage à cet endroit questionne. Reliant deux bourgs de confins[1], c'est essentiellement un trait d'union symbolique entre l'Europe et le Brésil.

Sylvie Letniowska-Swiat, « Oyapock, un pont trop loin ? Un pont pour quoi ? », *Géoconfluences*, 26 avril 2012.

1. Limite, extrémité d'un territoire.

DOC. 2 Le pont de l'Oyapock

Vue du pont de l'Oyapock ; à gauche le Brésil et, à droite, la Guyane française.

Domaine 1 : Je maîtrise la langue française à l'écrit
Domaine 5 : J'établis des liens entre l'espace et l'organisation des sociétés

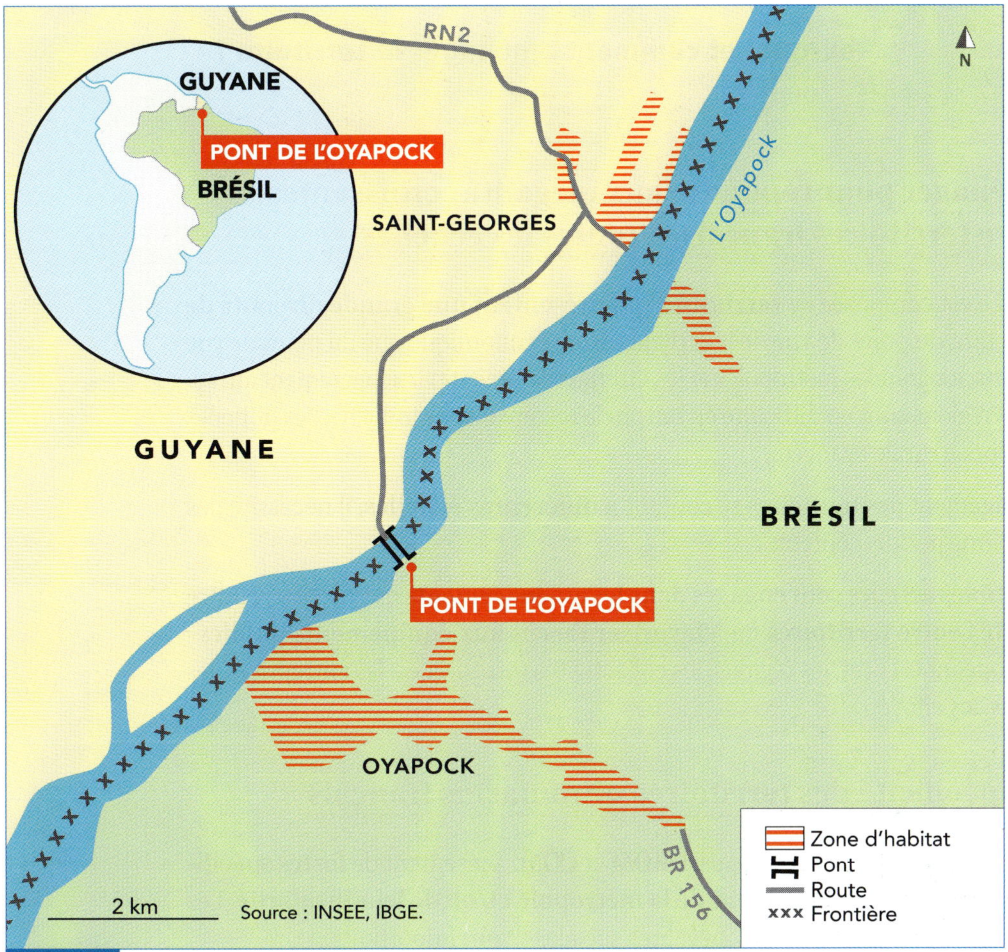

DOC. 3 UN PONT ENTRE DEUX PAYS

QUESTIONS

1 J'observe

1. Où se situe ce pont (situez-le à plusieurs échelles : internationale, nationale, régionale) et quand a-t-il été construit ? **(DOCS 1, 3 ET ÉLÉMENTS CLÉS)**

2. Décrivez le paysage dans lequel il se dresse. **(DOC. 2)**

3. Quelles villes sont reliées par ce pont ? **(DOC. 3)**

4. Décrivez le réseau routier de part et d'autre de la frontière. Que constatez-vous ? **(DOC. 3)**

5. Quelles sont les limites à l'utilisation du pont ? **(ÉLÉMENTS CLÉS)**

2 Je confronte et je croise les informations

6. Quels facteurs économiques ont justifié la construction d'un pont ? **(DOC. 1)**

7. Quels facteurs politiques ont justifié la construction d'un pont ? **(DOC. 1)**

3 Je fais la synthèse

Présentez les résultats de votre enquête en rappelant l'histoire du pont, les objectifs de sa construction, les enjeux politiques et les limites à son utilité réelle.

L'essentiel à retenir

Problématique → **Pourquoi et comment aménager le territoire ?**

1 Aménager pour répondre aux inégalités croissantes entre territoires français, à toutes les échelles

❑ La France est composée de **territoires qui présentent une grande diversité de situations**, tant du point de vue de leur dynamisme économique que du point de vue social. Si Paris, les grandes métropoles et les littoraux semblent particulièrement attractifs, d'autres regions sont en difficulté en raison de reconversions industrielles difficiles ou d'une déprise rurale avancée.

❑ L'aménagement des territoires se conduit **à différentes échelles**, il nécessite des investissements parfois coûteux.

❑ **De multiples acteurs sont engagés dans les aménagements** qui visent à **réduire les inégalités entre territoires** ou à **favoriser l'accès aux équipements publics** : l'Union européenne, l'État, les régions, les collectivités territoriales, les entreprises, les associations, les citoyens.

2 La spécificité des territoires ultramarins français

❑ Les **territoires** ultramarins français, **DROM** et **COM**, présentent de **fortes spécificités en raison de leur éloignement de la métropole et/ou de leur insularité**. Les problèmes de développement et les inégalités sociales y sont importants.

❑ De multiples acteurs tentent de réduire les inégalités au sein de ces territoires et entre ces territoires et la métropole. Tandis que le développement des **infrastructures** à Mayotte constitue **un enjeu économique et social** de premier plan, la construction d'un pont sur l'Oyapock en Guyane renvoie davantage à des **aspects géopolitiques**.

Mots-clés

Acteurs géographiques : ensemble des agents (individus, entreprises, organisations, collectivités territoriales, État) susceptibles d'avoir une action sur les territoires.

COM : collectivité d'outre-mer.

DROM : département et région d'outre-mer.

Infrastructure : équipement qui permet le développement et la mise en valeur d'un endroit (route, aéroport, équipement sportif...).

Territoire : espace géographique occupé par une société humaine qui se l'est approprié.

Schéma de synthèse

Pourquoi et comment aménager le territoire ?

Pourquoi aménager ?

- Pour **dynamiser un territoire** urbain ou rural
- Pour **réduire les inégalités** entre les territoires
- Pour **favoriser les liens** avec les territoires européens
- Pour **favoriser l'accès** de toutes les populations aux équipements publics

---

Qui sont les différents acteurs de l'aménagement ?

- **L'Union européenne**
- **L'État**
- **Les collectivités territoriales** (régions, départements, communes, communautés de communes ...)
- **Les associations**
- **Les citoyens**
- **Les entreprises**

Schéma à compléter
liennathan.fr/s88xf5

THÈME 3

La France et l'Union européenne

LES ENJEUX

❑ L'Union européenne est le produit d'une construction économique et politique qui s'engage à partir des années 1950. Elle constitue aujourd'hui une organisation régionale qui rassemble 27 États dans lesquels vivent 450 millions d'Européens. L'Union européenne est l'un des pôles les plus riches et les plus puissants de la planète.

❑ La France est l'un des pays à l'origine de la construction européenne. Elle entretient d'intenses relations avec ses partenaires et conduit avec eux la politique européenne. C'est notamment cet engagement qui permet à la France de maintenir son influence dans le monde.

Problématique → **Quelle place la France et l'Union européenne occupent-elles dans le monde ?**

LES PAVILLONS FRANÇAIS ET ALLEMANDS À L'EXPOSITION UNIVERSELLE DE SHANGHAI (CHINE, 2010)

Shanghai a accueilli plus de 70 millions de visiteurs lors de l'Exposition universelle de 2010, consacrée au développement urbain durable. Les pavillons de la France (à droite) et de l'Allemagne (à gauche), à l'architecture audacieuse, ont attiré beaucoup de visiteurs. Cela confirme le rayonnement culturel toujours exercé par la France et l'Europe à l'heure de la mondialisation.

SOUS-THÈME 1 L'Union européenne, un nouveau territoire de référence et d'appartenance

* Comment l'Union européenne devient-elle le territoire de référence et d'appartenance des Européens ?
* Pourquoi la Grande Région est-elle représentative de l'affirmation des régions transfrontalières d'Europe ?

pp. 122 à 127

SOUS-THÈME 2 La France et l'Europe dans le monde

* Quels sont les aspects de l'intégration territoriale et économique de la France dans l'Union européenne ?
* Comment se manifestent la puissance et le rayonnement de la France dans le monde ?

pp. 128 à 133

Capacités

L'étude permet à l'élève de :
– caractériser l'Union européenne dans sa géographie ;
– situer l'Union européenne parmi les pôles de puissance mondiaux, à partir de planisphères thématiques ;
– citer quelques aspects de l'intégration de la France dans l'Union européenne ;
– donner quelques exemples concrets d'influence culturelle, économique et géopolitique de la France et de l'Europe dans le monde.

Compétences

- Nommer, localiser et caractériser des espaces plus complexes.
- Situer des lieux et des espaces les uns par rapport aux autres.

Repères

- La carte des membres de l'Union européenne
- Les façades maritimes européennes
- L'Union européenne sur un planisphère montrant les grands pôles économiques mondiaux
- Quelques États francophones dans le monde

REPÈRES

REPÈRES

DOC. 1 LA FRANCE EN EUROPE

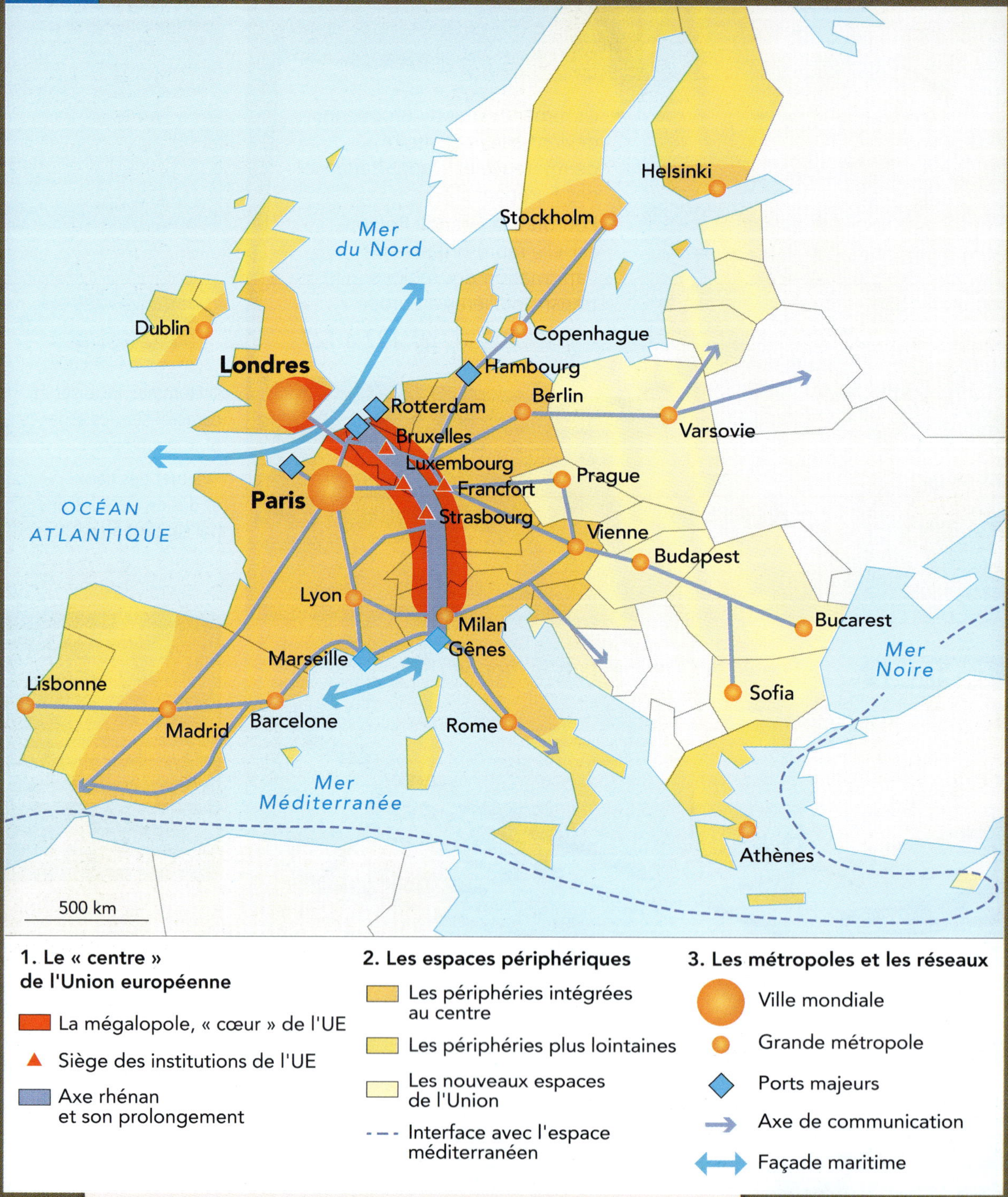

→ Pourquoi la France peut-elle être qualifiée de « carrefour de l'Europe » ?

DOC. 2 L'Union européenne

➜ Les limites de l'Union européenne sont-elles définitivement fixées ?

DOC. 3 La francophonie dans le monde

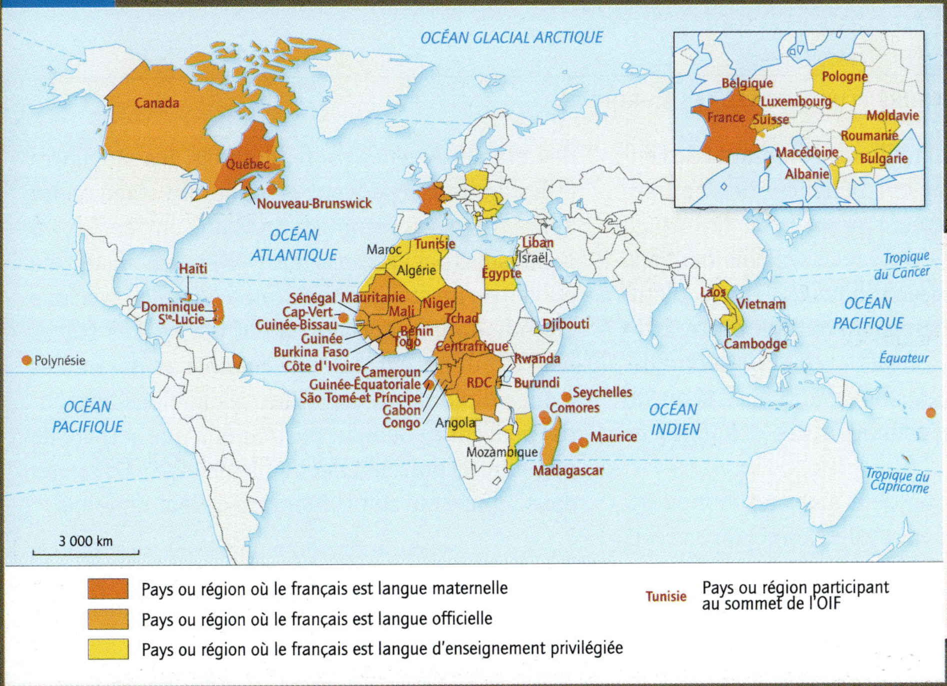

➜ Sur quel continent le français est-il particulièrement parlé ? Pourquoi ?

Comment l'Union européenne devient-elle le territoire de référence et d'appartenance des Européens ?

Une priorité

DOC. 1 Aménager les territoires

Le Fonds européen de développement régional (FEDER) a contribué au financement d'un nouveau pont sur le Danube entre les villes de Calafat (Roumanie) et de Vidin (Bulgarie). Il est en service depuis 2013. Il favorise la cohésion territoriale entre les deux villes.

Une dynamique

DOC. 2 Former et rendre plus mobiles les Européens

Depuis 1987, plus de 3 millions d'étudiants de l'enseignement supérieur ont bénéficié des bourses Erasmus. Le financement de l'UE en faveur du programme Erasmus+ a été revu sensiblement à la hausse. Il vise à aider 4 millions de jeunes, d'étudiants et d'adultes supplémentaires entre 2014 et 2020 à acquérir de l'expérience et des connaissances en étudiant, en se formant, en faisant du bénévolat ou en participant à des échanges de jeunes à l'étranger. [...]

La mobilité à l'étranger peut aider les jeunes qui suivent un enseignement professionnel ou une formation professionnelle à acquérir les compétences requises sur le marché de l'emploi compétitif actuel. Les étudiants du secondaire supérieur inscrits dans des établissements professionnels, les stagiaires et les apprentis peuvent effectuer un stage ou un apprentissage à l'étranger dans une entreprise, un organisme (par exemple, une ONG ou un organisme public) ou un établissement professionnel, avec une période d'apprentissage en entreprise. Les stages peuvent durer entre deux semaines et un an. Les jeunes diplômés (c'est-à-dire les anciens apprentis) peuvent également participer à une activité de mobilité. Ils doivent effectuer leur stage à l'étranger dans l'année qui suit l'obtention de leur diplôme.

« Éducation, formation, jeunesse et sport », *Comprendre les politiques de l'Union européenne*, Office des publications de l'Union européenne, 2014.

SOCLE **Compétences**

Domaine 3 : Je connais les engagements européens et internationaux de la France
Domaine 5 : J'étudie les caractéristiques et les fonctionnements des sociétés

Une identité

DOC. 3 La citoyenneté européenne

La notion de citoyenneté européenne est apparue, pour la première fois, dans le traité de Maastricht en 1992. Celle-ci ne vient pas remplacer la citoyenneté nationale, au contraire, elle la complète en accordant de nouveaux droits à toute personne possédant la nationalité d'un État membre de l'Union. Elles sont donc complémentaires.

Même si, au début, la notion de citoyenneté européenne était à un stade embryonnaire[1], elle s'est étoffée au fur et à mesure de l'avancée du processus de construction de l'Union européenne. Ainsi, avec l'entrée en vigueur de chaque nouveau traité, Amsterdam (1999), Nice (2003) et Lisbonne (2009), de nouveaux droits se sont ajoutés pour les citoyens européens.

Aujourd'hui, tout citoyen européen a le droit :
- de circuler, de séjourner, d'étudier et de travailler sur le territoire des autres pays membres (art. 20 du traité de l'Union européenne) ;
- de voir ses droits fondamentaux respectés et protégés tels que stipulés dans la Convention européenne de sauvegarde des Droits de l'Homme et des Libertés fondamentales et la Charte des droits fondamentaux de l'Union européenne (art. 6 du traité de l'UE).

http://europe.cidem.org/

1. Peu développé.

Un enjeu

DOC. 4 Favoriser le développement durable et la transition énergétique

La directive européenne du 23 avril 2009 fixe pour 2020 un seuil d'au moins 20 % d'énergie renouvelable dans la consommation énergétique totale des pays de l'UE. Très dépendant des énergies fossiles qu'il doit importer, le Portugal a lancé un vaste programme de valorisation de son parc hydroélectrique et éolien. Les installations offshore*, comme cette éolienne au large de Porto, se multiplient.*

MENER L'ÉTUDE

1. Quel aménagement le FEDER a-t-il financé et dans quel but ? **(DOC. 1)**

2. Quel intérêt cet aménagement peut-il représenter sur le plan économique et social ? **(DOC. 1)**

3. À quel public le programme Erasmus+ est-il destiné ? Dans quel but ? **(DOC. 2)**

4. Expliquez la phrase soulignée. **(DOC. 2)**

5. La citoyenneté européenne remplace-t-elle les citoyennetés nationales ? **(DOC. 3)**

6. Quels droits garantit-elle ? **(DOC. 3)**

7. Quelles énergies renouvelables le Portugal valorise-t-il ? Pourquoi ? **(DOC. 4)**

Mot-clé

Cohésion territoriale : opération visant à mieux relier les territoires et à développer la coopération.

Synthèse

Montrez que l'UE agit pour unifier les territoires des États membres et pour construire un sentiment d'appartenance commun entre les Européens.

ÉTUDE DE CAS

Pourquoi la Grande Région est-elle représentative de l'affirmation des régions transfrontalières d'Europe ?

Une situation

DOC. 1 La Grande Région, un carrefour de l'Europe

Une dynamique

DOC. 2 La Grande Région, un espace d'échanges transfrontaliers

Les premières formes de coopération remontent aux années 1960-1970, au moment où apparaissent les premières difficultés industrielles. Les coopérations n'ont cessé de se développer depuis trente ans.

La Grande Région s'étend sur une superficie de 65 401 km² abritant 11,4 millions d'habitants. Carrefour de l'histoire, des cultures et des langues, la Grande Région se veut aujourd'hui être un modèle au cœur de l'Europe : l'exemple vivant d'une Europe sans frontière, riche en coopérations, en échanges et en partages.

Avec un PIB de 350,1 milliards d'euros (2013), soit environ 2,5 % du PIB de l'Union européenne des 28, la Grande Région présente un réseau urbain, industriel et rural, source de relations économiques et culturelles riches et permanentes. Cet espace est traversé par des flux continus de travailleurs et de consommateurs transfrontaliers. Pas moins de 270 000 travailleurs grand-régionaux se rendent quotidiennement d'un pays à l'autre, dont 160 000 vers le seul Luxembourg.

Secrétariat du Sommet de la Grande Région, 22 avril 2016.

MENER L'ÉTUDE

1. Nommez les cinq territoires qui forment la Grande Région et les quatre États où ils se situent. **(DOC. 1)**

2. De quels atouts la Grande Région dispose-t-elle dans le contexte européen ? **(DOC. 2)**

3. Quel est le nombre de travailleurs lorrains transfrontaliers ? Combien travaillent au Luxembourg ? **(DOC. 3)**

4. Pourquoi le Luxembourg est-il représenté d'une façon différente des autres territoires ? **(DOC. 3)**

5. Relevez les éléments du paysage qui indiquent l'importance des opérations d'aménagement de ce territoire. **(DOC. 4)**

Synthèse

Présentez les différentes formes de la coopération transfrontalière dans l'espace de la Grande Région. Vous présenterez la situation à l'échelle de la région puis à l'échelle locale.

Une mobilité

DOC. 3 Les travailleurs frontaliers de la Grande Région

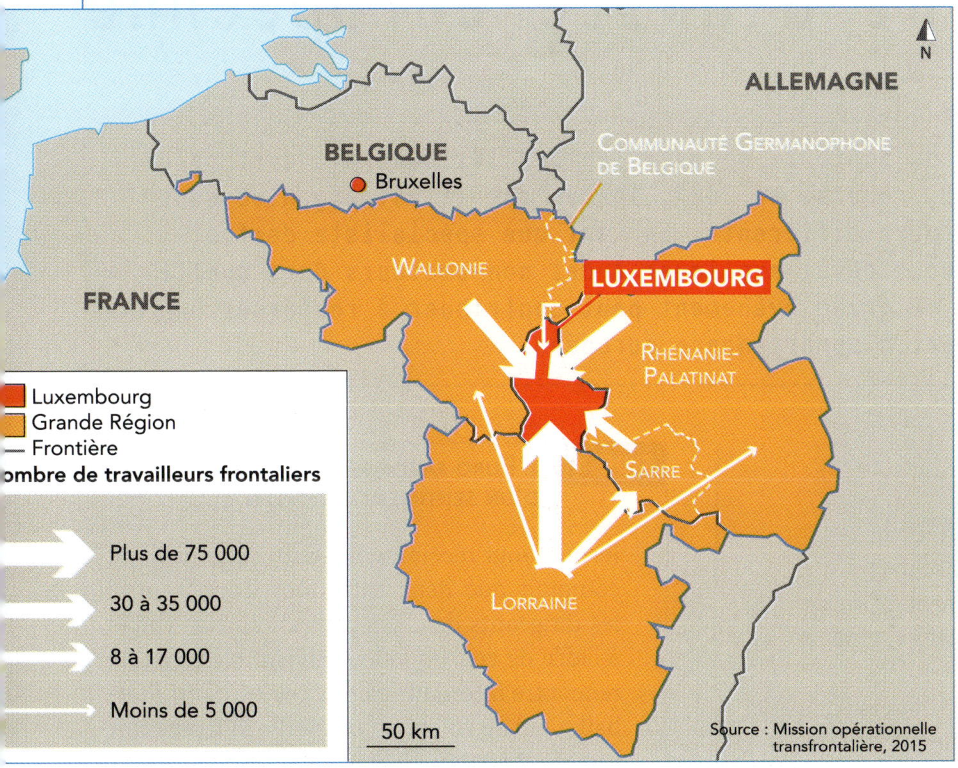

Les différences de rémunérations, des opportunités variables en matière d'emplois et la généralisation du bilinguisme français/allemand expliquent l'importance du nombre des travailleurs frontaliers de la Grande Région.

Des aménagements

DOC. 4 L'exemple d'Alzette-Belval (France-Luxembourg)

La crise de la sidérurgie a durement frappé le Luxembourg et la Lorraine. Le GECT (groupement européen de coopération territoriale) Alzette-Belval accompagne la transformation des friches industrielles de Belval à Esch-sur-Alzette, au Luxembourg, en un quartier d'affaires, un centre commercial et universitaire et une gare. Côté français, plus de 8 000 logements devraient aussi être créés.

TÂCHE COMPLEXE

L'Euro de football, un moment d'unité européenne ?

Consigne

L'Euro de football se déroule tous les quatre ans et celui de 2020, reporté en 2021, innove car il est organisé dans treize pays différents. En tant que spécialiste de football, vous devez expliquer à des non-amateurs dans quelle mesure ce grand événement peut contribuer à renforcer un sentiment d'appartenance européen.

Les éléments clés de l'enquête

- ★ 1954 : création de l'UEFA (Union européenne de Football-Association).
- ★ 1960 : premier championnat d'Europe des nations de football (« EURO ») organisé tous les 4 ans.
- ★ 1992 : le Traité de Maastricht établit la libre circulation des travailleurs au sein de l'UE : les clubs peuvent donc engager des joueurs européens sans limite de nombre.
- ★ 2020 : 1er EURO organisé dans toute l'Europe. Il est reporté en 2021 en raison de la pandémie de la COVID-19.
- ★ Organiser l'EURO partout en Europe permet à des petits pays qui n'ont pas les moyens d'organiser le tournoi entier de bénéficier d'un EURO à domicile et contribue aussi à construire le sentiment européen.

DOC. 1 L'Euro favorise-t-il l'émergence d'un sentiment européen ?

Jusqu'à tout récemment, l'Euro de football ne comptait que deux catégories d'opposants : les dirigeants de clubs professionnels, hantés à l'idée de voir un joueur revenir blessé d'une rencontre internationale [...] et les « anti-football », qui ne voient en ce sport qu'un puissant vecteur du nationalisme et des revendications identitaires les plus haineuses. [...] Depuis quelques années, l'Euro de football compte de nouveaux critiques, à savoir certains partisans de la construction européenne. Conscients de la popularité du ballon rond et, de ce fait, du rôle qu'il joue dans la construction des identités, ces derniers affirment que l'Euro de football empêcherait un grand nombre d'Européens de développer un sentiment d'appartenance commun. Un sentiment d'appartenance devenu, il est vrai, indispensable à la réalisation d'une plus grande intégration politique de l'Union européenne. Ils sont en revanche favorables au football des clubs, plus à même d'offrir aux passionnés la possibilité de soutenir un ou plusieurs clubs hors de leur pays d'origine.

Xavier Breuil, « L'Euro de football contre l'Europe ? », 7 juin 2012 sur RTBF.be

DOC. 2 Supporters belges et suédois pendant l'Euro 2016 en France

SOCLE Compétences
Domaine 2 : Je prépare un exposé en choisissant une démarche adaptée
Domaine 5 : J'établis des liens entre l'espace et l'organisation des sociétés

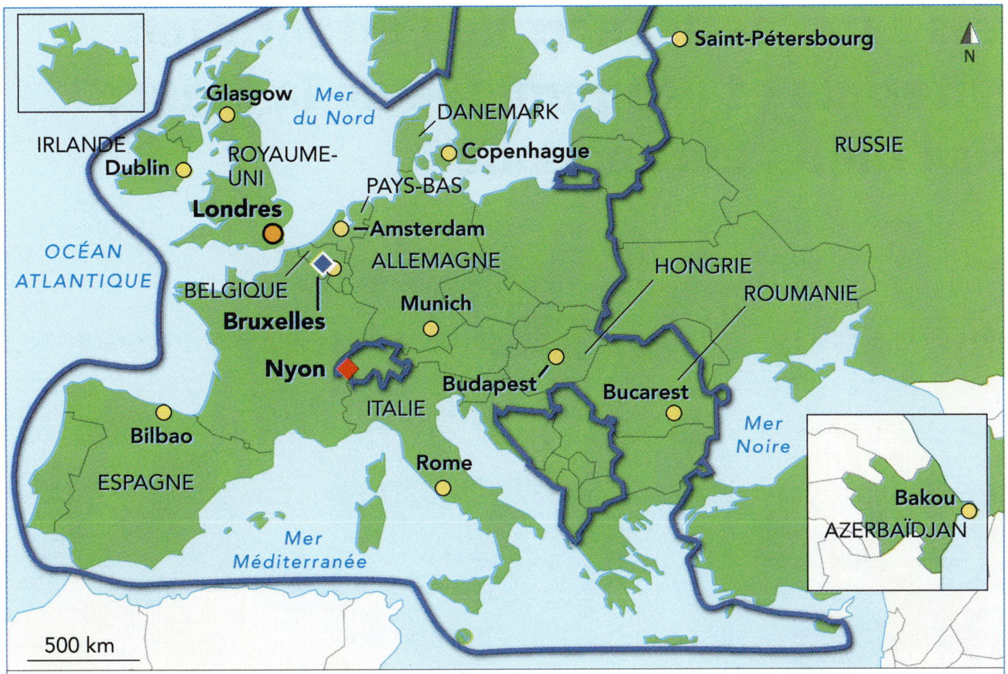

L'UEFA
- Siège de l'UEFA
- Pays de l'UEFA

L'Union européenne
- Siège de la Commission européenne
- Pays de l'Union européenne

Villes organisant ...
- Trois matchs de poule et/ou 1/8e ou 1/4e de finale
- Les 1/2 finales et la finale

DOC. 3 L'Euro, un événement pour toute l'Europe ?

QUESTIONS

1 J'observe et le décris

1. Quelle est l'organisation qui réunit le plus de pays entre l'UEFA et l'UE ? **(DOC. 3)**

2. Quels sont les opposants anciens et récents de l'Euro de football ? **(DOC. 1)**

3. Comment la proximité entre Européens s'exprime-t-elle dans l'espace public ? **(DOC. 2)**

2 Je cherche à comprendre

4. Comment le projet permet-il d'impliquer de petites nations dans l'organisation de la compétition ? **(DOCS 2 ET 3)**

5. De quelle manière le football pourrait-il contribuer encore davantage à l'émergence d'un sentiment européen ? **(DOCS 1 ET 2)**

6. Pourquoi l'auteur du texte pense-t-il que les clubs sont davantage « européens » que les sélections ? **(DOC. 1)**

7. D'après vous, les mouvements de supporters des clubs contribuent-ils toujours à renforcer un sentiment d'appartenance européen ? **(DOC. 1)**

3 Je fais la synthèse

Faites une présentation orale sur le thème : « L'Euro renforce-t-il le sentiment d'appartenance européen ? »

COURS

Quels sont les aspects de l'intégration territoriale et économique de la France dans l'Union européenne ?

Une situation

DOC. 1 UN CARREFOUR DE L'EUROPE

Principaux corridors de circulation en Europe (route et rail)

Carrefour et terminus majeurs du trafic

Une dynamique

DOC. 2 LES COOPÉRATIONS TRANSFRONTALIÈRES

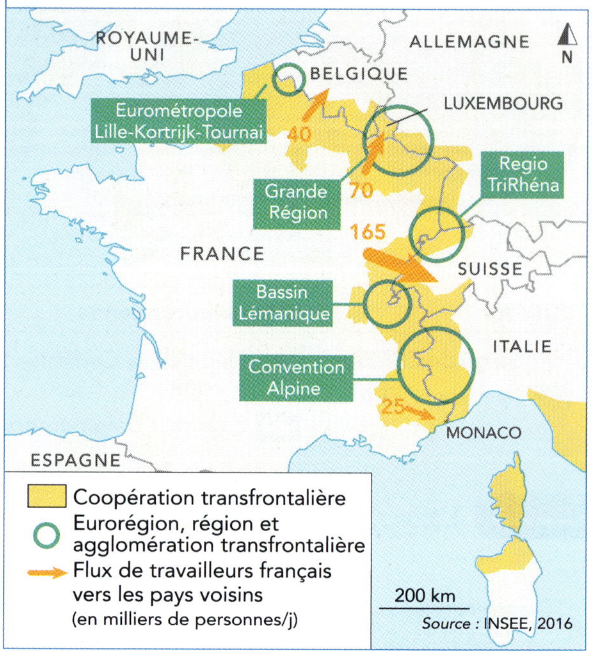

Le programme européen Interreg est consacré à la coopération transfrontalière et renforce les liaisons entre la France et ses voisins européens. Pour la période 2014-2020, Interreg V représente un budget de 8,95 milliards d'euros, dont 3,8 milliards pour la France.

MENER L'ÉTUDE

1. Avec quels ensembles maritimes la France est-elle en contact ? **(DOC. 1)**

2. Montrez que l'espace français est bien connecté avec le reste de l'Europe par des aménagements en matière de transport. **(DOC. 1)**

3. Quelles formes de coopération transfrontalières touchent l'espace français ? **(DOC. 2)**

4. Quels éléments du paysage révèlent la spécialisation touristique de Cannes ? **(DOC. 3)**

5. Parmi les dix principaux partenaires de la France, lesquels sont membres de l'UE ? **(DOC. 4)**

6. Avec quels pays les échanges sont-ils nettement déficitaires ? Avec lesquels sont-ils nettement excédentaires ? **(DOC. 4)**

Synthèse

Présentez les différents aspects (transports, coopération transfrontalière, commerce, tourisme) qui contribuent à intégrer les territoires français dans l'UE.

Un atout

DOC. 3 Cannes, une célèbre destination européenne et internationale

Avec près de 2 millions de visiteurs par an, Cannes est l'une des destinations les plus prisées par les touristes en déplacement sur la Côte d'Azur. Elle dispose d'un aéroport d'affaires à Cannes-Mandelieu et bénéficie de la proximité de celui de Nice. Elle dispose surtout d'un potentiel hôtelier et d'un Palais des Festivals lui permettant d'être la deuxième ville de congrès de France après Paris.

Un enjeu

DOC. 4 Les principaux partenaires commerciaux de la France en 2018

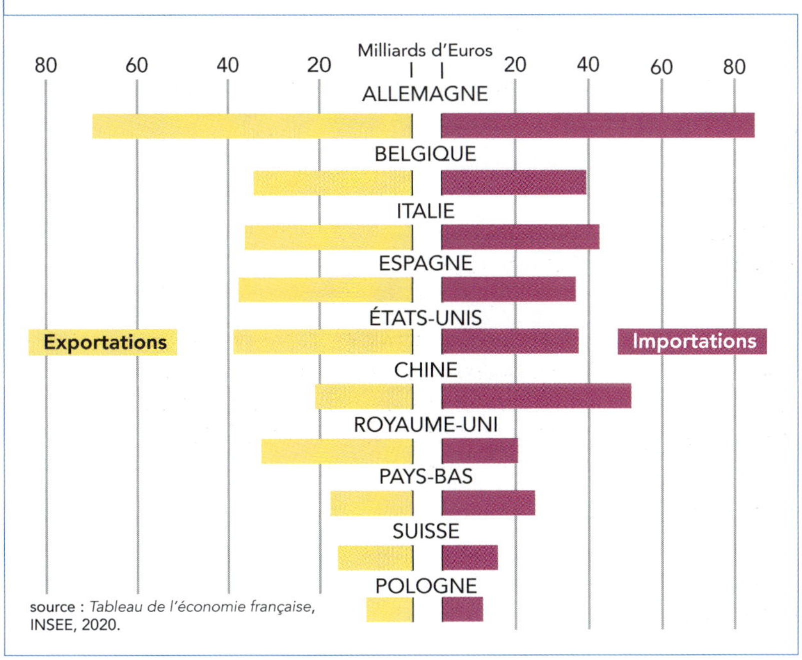

Mots-clés

Intégration territoriale : processus permettant l'insertion d'un territoire dans un autre ensemble territorial.

Échanges déficitaires ou excédentaires : les échanges sont déficitaires quand les importations sont plus importantes que les exportations, et excédentaires dans le cas contraire.

COURS

Comment se manifestent la puissance et le rayonnement de la France dans le monde ?

Une puissance

DOC. 1 La présence française dans le monde

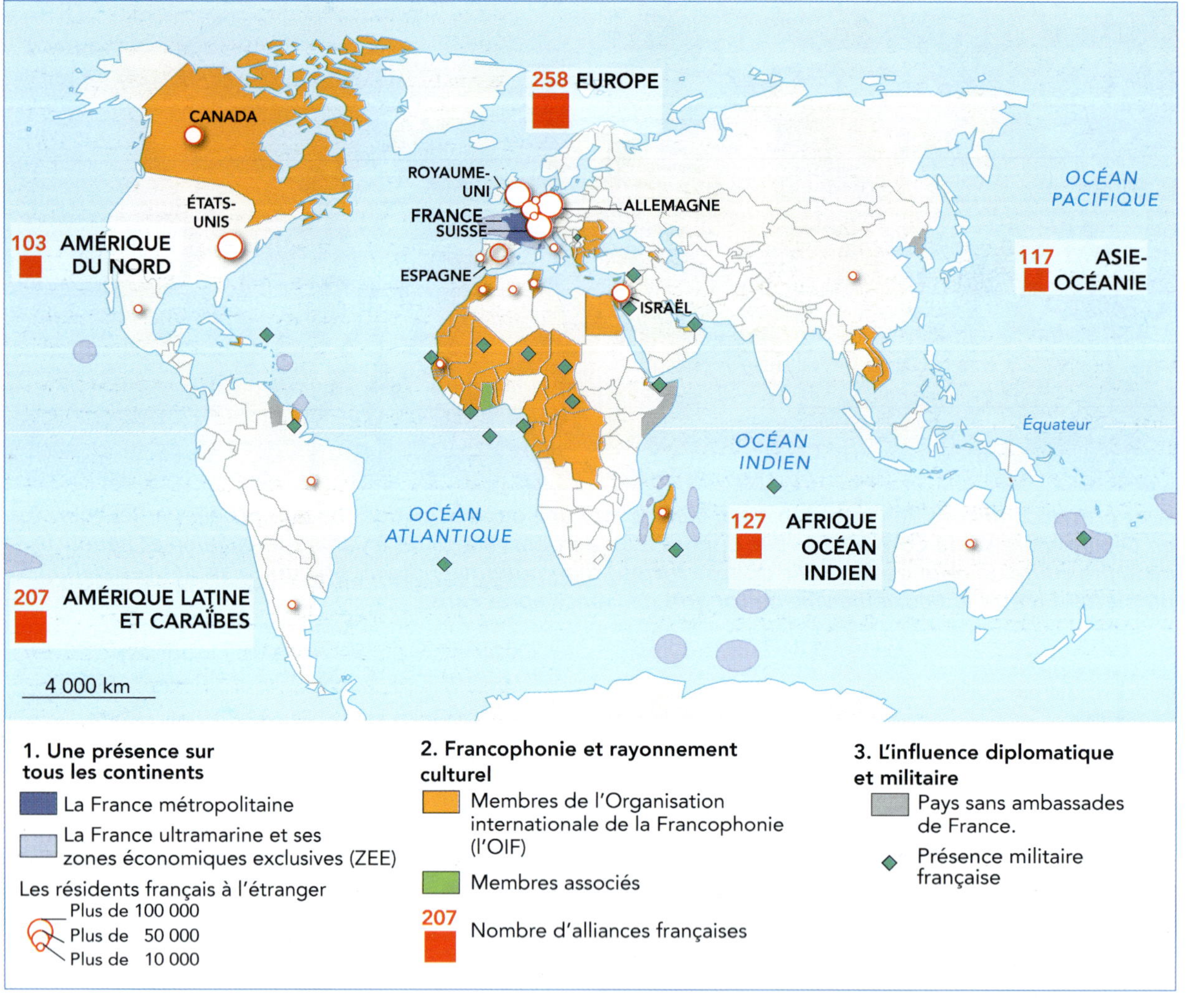

Mots-clés

Alliance française : institut qui a pour but de promouvoir la langue et la culture françaises à l'étranger.

Francophonie : ensemble des pays ou populations qui, à des degrés divers, utilisent la langue française.

ZEE (zone économique exclusive) : espace maritime dans lequel s'exerce la souveraineté de la France en matière d'exploration et d'usage des ressources.

Domaine 1 : Je maîtrise la langue française à l'écrit
Domaine 3 : Je connais les engagements européens et internationaux de la France

Un point fort

DOC. 2 Le succès des firmes transnationales

Carrefour est la 4e plus grande entreprise française et se place au 98e rang dans le classement mondial en chiffre d'affaires. La firme transnationale multiplie ses investissements en Chine et ouvre de nouveaux hypermarchés, comme ici à Guangzhou, au sud du pays (source : « Global 500 », Fortune, *2020).*

Un rayonnement

DOC. 3 La francophonie

Deuxième ensemble géolinguistique mondial par le nombre de pays et de continents concernés, et quatrième par le nombre d'habitants, le monde francophone est aujourd'hui un vaste ensemble regroupant 33 pays et plus de 450 millions d'habitants, sur quatre continents [...].

Grâce à une histoire et une langue communes, les relations politiques, diplomatiques et militaires privilégiées qu'entretient naturellement la France avec les différents pays de ce vaste ensemble lui permettent d'être activement présente et incontournable sur différents théâtres d'opérations à travers le monde : lutte antiterroriste au Sahel, en vue notamment d'assurer la sécurité du continent européen, lutte antipiraterie maritime dans le golfe d'Aden et dans le golfe de Guinée, afin de sécuriser les voies maritimes d'approvisionnement de l'UE et des États-Unis [...].

Grâce à sa croissance démographique et à ses performances économiques récentes, le monde francophone est désormais un espace de plus en plus attractif. Cette évolution joue également un rôle très important dans la diffusion de la langue française dans le monde, [...] et explique en grande partie la hausse de 43 % du nombre d'apprenants du français en Asie-Océanie entre 2010 et 2014, et de 44 % en Afrique subsaharienne non francophone sur la même période.

Ilyes Zouari, « Maîtriser son espace géolinguistique », *Diplomatie* n° 27, juin-juillet 2015.

MENER L'ÉTUDE

1. Sur quel continent la francophonie est-elle particulièrement représentée ? **(DOCS 1 ET 3)**

2. Dans quelles parties du monde la présence militaire française est-elle importante ? **(DOC.1)**

3. Quel lien pouvez-vous établir entre la présence française dans le monde et son passé colonial ? **(DOC. 1)**

4. Quel atout économique maritime cette carte met-elle en avant ? **(DOC. 1)**

5. Pourquoi la francophonie constitue-t-elle un atout géopolitique ? **(DOC. 3)**

6. En quoi le développement des échanges économiques contribue-t-il au rayonnement culturel ? **(DOC. 2)**

7. Montrez que les liens économiques avec l'Asie contribuent au développement de la francophonie. **(DOCS 2 ET 3)**

Synthèse

En vous appuyant sur ses dimensions économique, géopolitique et culturelle, rédigez trois paragraphes qui développeront la manière dont se manifestent la puissance et le rayonnement de la France dans le monde.

TÂCHE COMPLEXE

Les migrations vers l'Union européenne

Consigne

Vous êtes reporter pour un journal en ligne.
Votre rédaction vous envoie sur la côte grecque afin d'écrire un article pour expliquer l'arrivée massive de migrants en Europe depuis 2015.

Les éléments clés de l'enquête

- ★ **Migrant** : personne qui quitte définitivement son pays pour trouver ailleurs de meilleures conditions de vie (emploi, regroupement familial, sécurité…).
- ★ **Réfugié** : personne qui fuit son pays pour des raisons politiques (guerre, menace de mort…).
- ★ **Asile politique** : statut qui régularise une personne ayant fui son pays pour des raisons politiques.
- ★ **Situation en Syrie** : guerre civile depuis 2011 ; implantation depuis 2014 du groupe islamiste Daesh en Syrie et en Irak ; plus de 380 000 morts (mars 2020) et des millions de réfugiés.
- ★ **Prix de la traversée Turquie-île de Lesbos (Grèce) fixé par des passeurs** : plus de 1 000 € par personne, au péril de sa vie.
- ★ **Nombre de migrants installés en Europe entre 2015 et mai 2016** : plus de 1,25 million de personnes.

DOC. 1 Les causes des migrations

Qu'il s'agisse de l'Europe ou du monde, les causes premières de cette explosion [des flux migratoires] sont à l'évidence les conséquences de la multiplication des guerres et des conflits. L'exemple syrien : il n'est guère étonnant que les Syriens, pris en étau entre la répression féroce de Bachar al Assad et les exactions de Daech, constituent le plus important contingent des candidats au droit d'asile dans l'Union européenne (les deux tiers actuellement). Et leur fuite s'est accélérée : du fait de la progression du groupe État islamique sur le terrain, et parce que s'est évanoui l'espoir des Syriens de voir tomber le régime d'Assad à plus ou moins court terme faute d'intervention occidentale radicale, la fin de la catastrophe humanitaire syrienne n'est pas pour demain. Les chrétiens et Kurdes d'Irak sont dans la même situation. […]

À défaut d'une politique européenne en la matière, et face à des États désemparés, ce sont d'ailleurs au fond les passeurs[1] qui « gèrent » les flux de migrants. Et la machine semble fonctionner actuellement à plein régime, sur mer en Méditerranée orientale et centrale, comme sur terre dans les Balkans.

Daniel Bastien, « Migrants vers l'Europe : pourquoi cette accélération ? », Les Echos.fr, 4 septembre 2015.

1. Personne qui organise le passage clandestin d'une frontière contre de l'argent.

DOC. 2

L'arrivée de migrants sur l'île grecque de Lesbos (au large de la Turquie) en septembre 2015.

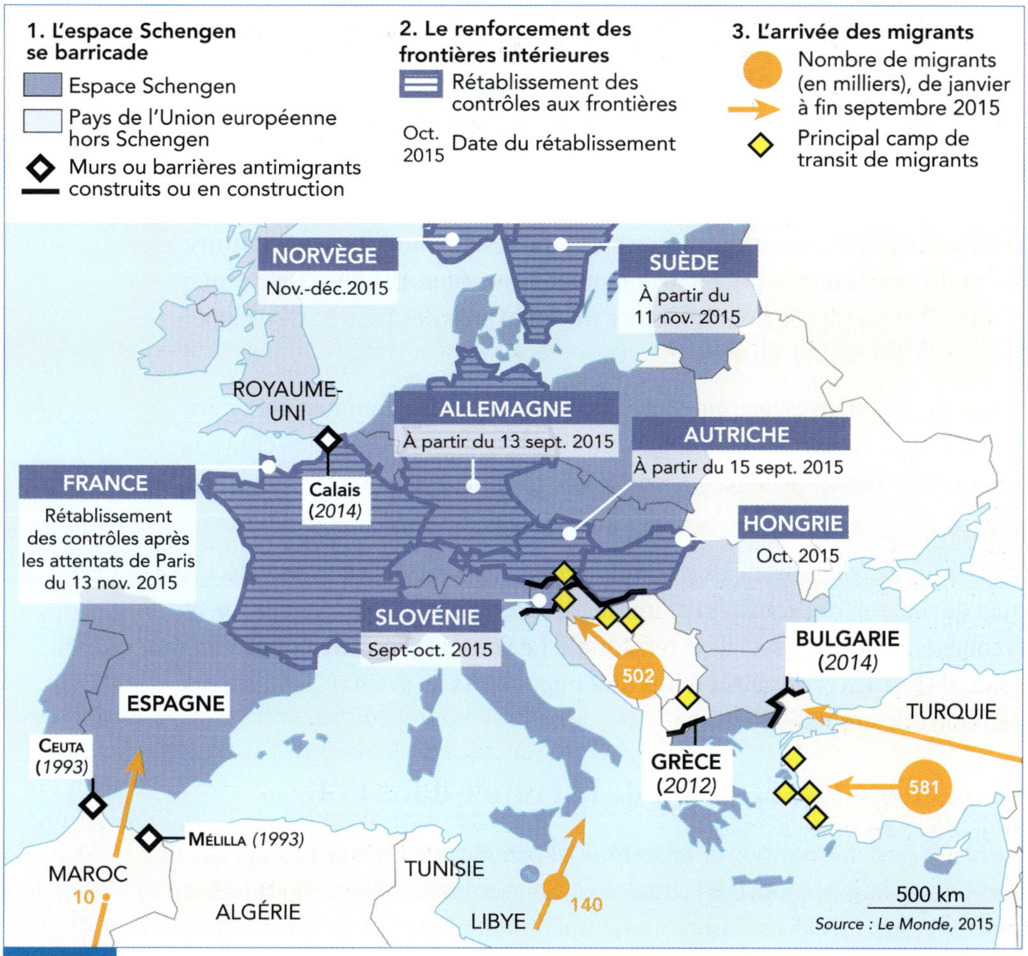

DOC. 3 L'UNION EUROPÉENNE FACE À LA PRESSION MIGRATOIRE (SITUATION FIN 2015)

QUESTIONS

1 J'observe et je décris

1. Combien de migrants ont convergé vers l'Union européenne en 2015 ? **(DOC. 3)**
2. De quelles régions les migrants sont-ils principalement originaires ? **(DOC. 3)**
3. Quelles sont les routes empruntées ? **(DOC. 3)**
4. Quels moyens de contrôle l'UE met-elle en place ? **(DOC. 3)**

2 Je cherche à comprendre

5. Quels éléments du document 2 renseignent sur l'âge des migrants et le mode de déplacement emprunté ? **(DOC. 2)**
6. Pourquoi les réfugiés syriens sont-ils si nombreux ? **(DOC. 1 ET ÉLÉMENTS CLÉS)**
7. Quelle faiblesse de l'UE a facilité ces flux migratoires ? **(DOC. 1)**

3 Je rédige

Rédigez un article qui traite du phénomène de l'arrivée des migrants en Europe. Votre article comportera un titre, une petite introduction et au moins deux paragraphes. Vous pouvez y joindre une photographie ou tout autre élément visuel.

L'essentiel à retenir

Problématique → **Quelle place la France et l'Union européenne occupent-elles dans le monde ?**

1 L'Union européenne construit un nouvel espace de vie

❑ La construction européenne, édifiée à partir de 1957, est aujourd'hui un **territoire de référence et d'appartenance** pour 450 millions d'Européens. L'Union européenne compte 27 États. C'est un espace riche qui **attire des migrants** des pays en développement et des réfugiés des pays en guerre.

❑ L'Union européenne est un espace ouvert qui facilite les échanges commerciaux grâce à la **libre circulation des marchandises.** La libre circulation est réservée aux citoyens des États membres de l'espace Schengen. La **monnaie unique, l'euro**, est en circulation dans 19 pays.

❑ Les politiques européennes fixent les grandes orientations de l'Union européenne. Un budget permet de soutenir des activités comme l'agriculture, de favoriser la formation et l'emploi, la mobilité, la cohésion sociale et territoriale. **Le Fonds européen de développement régional (FEDER) contribue à des aménagements** en matière de transport et à la coopération transfrontalière.

2 Les aspects de l'intégration de la France dans l'UE

❑ La France bénéficie d'une position de **carrefour à l'échelle de l'Europe** et les principaux corridors de circulation européens la traversent. Son commerce extérieur est réalisé prioritairement avec ses voisins en Europe, notamment l'Allemagne.

❑ À l'échelle locale, l'insertion de la France avec ses partenaires européens se traduit par la spécialisation économique de certains de ses lieux, de ses régions. Ce sont aussi des coopérations qui sont stimulées, faisant en particulier des **frontières des espaces attractifs**, à l'origine de l'émergence de nouvelles **régions transfrontalières** comme la Grande Région.

3 La puissance de la France dans le monde

❑ La **France maintient son statut de puissance** dans le monde malgré les difficultés qu'elle peut rencontrer. Elle reste la 6e puissance économique mondiale et peut s'appuyer sur des firmes transnationales dynamiques capables de contribuer au rayonnement de la France en développant des réseaux de production à l'étranger.

❑ **L'influence de la France est aussi d'ordre diplomatique et géopolitique.** L'armée française intervient dans différentes opérations extérieures, notamment en Afrique et au Moyen-Orient pour y contrer en particulier les risques liés au terrorisme.

❑ La puissance française est également culturelle et linguistique. L'espace de la francophonie compte aujourd'hui plus de 450 millions de personnes dans 80 États. La promotion du français reste une priorité ainsi désormais que le **développement de partenariats économiques entre tous les pays de la francophonie**.

Schéma de synthèse

L'Union européenne, un territoire de référence et d'appartenance des Européens

La construction européenne s'inscrit dans le temps ...

1957 : le Traité de Rome instaure la CEE (Communauté économique européenne) autour de 6 pays.

1992 : Traité de Maastricht, les 12 pays de la CEE deviennent l'UE (Union européenne).

2016 : crise du Brexit, le Royaume-Uni vote non au référendum sur le maintien dans l'UE.

2020 : Brexit, le Royaume-Uni sort de l'UE.

... s'appuie sur de multiples moyens ...

1975 : création du FEDER (fond européen de développement régional).

1987 : programme Erasmus favorisant la mobilité des étudiants.

1992 : définition de la notion de citoyenneté européenne.

1995 : Convention de Schengen en faveur de la libre circulation des citoyens européens et disparition des frontières intérieures. L'espace Schengen en 2020 = 26 pays.

1999 : création de l'euro. La zone euro en 2020 = 19 pays.

... et développe une citoyenneté européenne dans un espace riche.

Les droits des citoyens de l'UE : liberté de circuler, de séjourner, d'étudier, de travailler dans toute l'UE.

L'UE garantit **le respect des droits fondamentaux** parmi lesquels un espace de liberté, de sécurité et de justice.

L'UE : 1er pôle **économique, commercial** et 1er pôle **d'immigration** au monde.

La France, son insertion dans l'Union européenne et son rayonnement mondial

La France, un territoire et une économie insérés dans l'Union européenne

Une position de carrefour géographique
Une forte coopération transfrontalière avec les voisins européens.
Une puissance économique, commerciale et touristique à l'échelle de l'UE.

La puissance et le rayonnement de la France dans le monde

La 6e puissance économique mondiale, avec un réseau de firmes transnationales dynamiques.
Une puissance diplomatique et géopolitique : un siège au Conseil de Sécurité de l'ONU, le 2e domaine maritime mondial.
Une puissance culturelle et linguistique : un espace de la francophonie de 450 millions de personnes.

Schéma à compléter
liennathan.fr/67g7zc

Mots-clés

- **Coopération transfrontalière :** processus par lequel des régions de part et d'autre d'une frontière développent de multiples relations et organisent un nouvel espace.
- **Espace Schengen :** espace de libre circulation des personnes entre les États signataires de l'accord de Schengen.
- **Francophonie :** ensemble des pays ou populations qui, à des degrés divers, utilisent la langue française.
- **Puissance :** capacité d'un État à exercer une influence par ses ressources, ses capacités économiques, géopolitiques et culturelles.

Enseignement moral et civique

LES THÈMES ÉTUDIÉS

❑ **1. La sensibilité : soi et les autres**

Connaître les valeurs (liberté, égalité, fraternité, laïcité, droits de l'Homme) et symboles de la citoyenneté française et de la citoyenneté européenne

❑ **2. Le droit et la règle : des principes pour vivre avec les autres**

Connaître les principaux éléments des grandes déclarations des Droits de l'homme

❑ **3. Le jugement : penser par soi-même et avec les autres**

- Connaître les textes fondamentaux de la République (Déclaration des droits de l'homme et du citoyen, Constitution de la Ve République, loi de séparation des Églises et de l'État)
- Connaître les différentes dimensions de l'égalité et les différentes formes de discrimination
- Comprendre et pouvoir présenter simplement, à partir de la Charte de la laïcité, en quoi consiste la laïcité

❑ **4. L'engagement : agir individuellement et collectivement**

- Comprendre l'importance du vote dans une démocratie
- Connaître les grands principes qui régissent la Défense nationale et savoir ce qu'est la Journée défense et citoyenneté
- Citer, en s'appuyant sur des exemples, les principales missions de la Défense nationale dans le contexte contemporain et mondial
- Identifier quelques-unes des menaces sur la liberté des peuples et la démocratie

FICHE 1
La citoyenneté française 138

FICHE 2
Citoyen français, citoyen européen 140

FICHE 3
Les différentes déclarations des droits de l'Homme 142

FICHE 4
Les principes de la laïcité 144

FICHE 5
Les principes d'un État démocratique 146

FICHE 6
L'exercice de la citoyenneté dans une démocratie 147

FICHE 7
L'évolution des droits des femmes 148

FICHE 8
L'engagement associatif 149

FICHE 9
La Journée défense et citoyenneté (JDC) 150

FICHE 10
Les citoyens et la Défense nationale 151

1. La citoyenneté française

DOC. 1 COMMENT DEVIENT-ON CITOYEN FRANÇAIS ?

La citoyenneté française confère des droits politiques (droit de vote, liberté d'expression...) et sociaux (droit de grève, liberté syndicale...). Elle comporte aussi des devoirs (respect des lois, paiement de l'impôt). Pour être citoyen français, il faut avoir plus de 18 ans et détenir la nationalité française. Cette nationalité s'acquiert de plusieurs façons.

1. Par le « droit du sang » : est français tout enfant dont au moins l'un des deux parents est français.

2. Par le « droit du sol » : un enfant né en France d'un parent étranger lui-même né en France est Français de naissance (« double droit du sol »). Pour l'enfant né en France de parents étrangers nés à l'étranger, la nationalité française lui revient automatiquement et de plein droit à sa majorité (« droit du sol simple différé ») s'il réside en France à cette date, et s'il a eu sa résidence habituelle en France pendant une période continue ou discontinue d'au moins 5 ans depuis l'âge de 11 ans. Avant sa majorité, il peut acquérir la nationalité sur demande de ses parents (entre 13 et 16 ans), ou sur demande personnelle (entre 16 et 18 ans), avec des conditions de durée de résidence en France.

3. Par la procédure de « naturalisation » : un étranger majeur, résidant habituellement sur le sol français depuis au moins cinq ans, peut demander à être naturalisé. Dans de rares cas, aucune durée minimale n'est exigée, notamment en cas de services exceptionnels rendus à la France. La décision est prise de façon discrétionnaire par l'administration qui peut refuser la naturalisation même si les conditions sont réunies. Dans tous les cas, il doit justifier de son « assimilation à la communauté française » lors d'un entretien individuel. Celui-ci évalue, « selon sa condition » (niveau d'études notamment), sa bonne connaissance de la langue française et des droits et devoirs conférés par la nationalité française, ainsi que des principes et valeurs essentiels de la République. À l'issue de l'entretien, l'intéressé signe la Charte des droits et devoirs du citoyen.

4. Par le mariage : un étranger uni à un conjoint français depuis quatre ans, et justifiant d'une communauté de vie affective et matérielle réelle, peut demander à acquérir la nationalité française par déclaration. Le demandeur doit également avoir un niveau de connaissance de la langue française suffisante.

D'après le site Internet *Vie-publique.fr*, « Comment devient-on citoyen français ? », 2020.

Documents fournis par la préfecture après acquisition de la citoyenneté par naturalisation.

DOC. 2 Un héros et sa naturalisation

Lassana Bathily, l'homme d'origine malienne qui a sauvé la vie à plusieurs personnes dans la prise d'otages porte de Vincennes le 9 janvier 2015, a obtenu sa naturalisation française.

« Vive la liberté, vive l'amitié, la solidarité. Vive la France ! ». C'est ainsi que Lassana Bathily a revisité la devise républicaine après avoir été naturalisé français mardi soir, lors d'une cérémonie au ministère de l'Intérieur. Dans un français encore hésitant, ému, le jeune Malien de 24 ans prend la parole devant plus de deux cents invités qui vont bientôt se lever pour l'applaudir : « Les gens me prennent pour un héros, je ne suis pas un héros. Je suis Lassana, je resterai moi-même [...] Mon cœur a parlé et m'a fait agir. Ce n'est pas une question de communauté, de telle ou telle religion », dit l'employé de l'Hyper Cacher qui, le 9 janvier, a caché des otages d'Amedy Coulibaly dans une chambre froide avant de parvenir à s'enfuir et de renseigner la police sur la configuration du magasin et la position du terroriste. Des informations précieuses avant l'assaut du Raid. [...] Le Premier ministre Manuel Valls lui a remis son passeport français ainsi qu'une lettre du président de la République et une médaille tricolore.

Marie-Amélie Lombard-Latune, *Le Figaro.fr*, « Lassana Bathily, le héros de l'Hyper Cacher », 20 janvier 2015.

DOC. 3 Extraits de la Constitution française de 1958

Préambule : Le peuple français proclame solennellement son attachement aux Droits de l'homme et aux principes de la souveraineté nationale tels qu'ils ont été définis par la Déclaration de 1789 [...].

ARTICLE PREMIER. La France est une République indivisible, laïque, démocratique et sociale. Elle assure l'égalité devant la loi de tous les citoyens sans distinction d'origine, de race ou de religion. Elle respecte toutes les croyances. [...] La loi favorise l'égal accès des femmes et des hommes aux mandats électoraux et fonctions électives, ainsi qu'aux responsabilités professionnelles et sociales.

ARTICLE 2. La langue de la République est le français. L'emblème national est le drapeau tricolore, bleu, blanc, rouge. L'hymne national est « La Marseillaise ». La devise de la République est « Liberté, Égalité, Fraternité ». [...]

ARTICLE 3. La souveraineté nationale appartient au peuple qui l'exerce par ses représentants et par la voie du référendum. [...] Le suffrage [...] est toujours universel, égal et secret. Sont électeurs, [...] tous les nationaux français majeurs des deux sexes. [...]

QUESTIONS

1 J'identifie

1. Citez deux droits et un devoir attachés à la citoyenneté française. **(DOC. 1)**

2. Relevez les deux conditions nécessaires pour être citoyen français. **(DOC. 1)**

3. Citez les quatre façons d'obtenir la nationalité française. **(DOC. 1)**

4. Pourquoi et comment Lassana Bathily a-t-il obtenu la nationalité française ? **(DOCS 1 ET 2)**

5. Quel texte garantit les valeurs résumées par la devise républicaine « Liberté, Égalite, Fraternité » ? **(DOC. 3)**

6. De quel autre texte plus ancien s'inspire-t-il ? **(DOC. 3)**

7. Quels sont les symboles et l'emblème de la République ? **(DOC. 3)**

2 J'analyse

Constituez trois groupes et réalisez une carte mentale pour résumer le thème « La citoyenneté française ». La carte mentale doit comporter trois parties :
- la première pour exposer les conditions d'accès à la citoyenneté française ;
- la seconde pour présenter la citoyenneté française avec ses droits et ses devoirs ;
- la troisième pour résumer les symboles et les valeurs de la République française.

2. Citoyen français, citoyen européen

DOC. 1 Les symboles de l'Union européenne

Le drapeau européen

Le drapeau européen est constitué d'un cercle de douze étoiles dorées sur fond bleu. Les étoiles symbolisent les idéaux d'unité, de solidarité et d'harmonie entre les peuples d'Europe.

L'hymne européen

La mélodie symbolisant l'Union européenne est celle de la Neuvième symphonie composée en 1823 par Ludwig van Beethoven.

La devise de l'UE

« Unie dans la diversité »

La devise de l'Union européenne a été utilisée pour la première fois en 2000. Cette devise caractérise la manière dont les Européens se sont rassemblés, en créant l'Union européenne, pour œuvrer en faveur de la paix et de la prospérité, s'enrichissant ainsi des diverses cultures, traditions et langues du continent.

La Journée de l'Europe

Chaque année, le 9 mai, la Journée de l'Europe célèbre la paix et l'unité en Europe. Il s'agit de la date anniversaire de la «déclaration Schuman». Le 9 mai 1950, Robert Schuman, alors ministre français des affaires étrangères, propose une nouvelle forme de coopération politique pour l'Europe, qui rendrait impensable toute guerre entre les nations du continent.

D'après l'article « Symboles de l'Union européenne », sur le site Internet https://europa.eu, novembre 2020.

Connaissances et capacités

Connaître les principes, valeurs et symboles de la citoyenneté française et de la citoyenneté européenne.

DOC. 2 Les valeurs de l'Union européenne

Les valeurs de l'Union européenne sont communes aux États membres dans une société caractérisée par l'inclusion, la tolérance, la justice, la solidarité et la non-discrimination.

Dignité humaine : la dignité humaine est inviolable. Elle doit être respectée et protégée, et constitue la base même des droits fondamentaux.

Liberté : la liberté de circulation donne aux citoyens le droit de circuler et de séjourner librement au sein de l'Union. Les libertés individuelles, telles que le respect de la vie privée et la liberté de pensée, de religion, de réunion, d'expression et d'information, sont protégées par la Charte des droits fondamentaux de l'UE.

Démocratie : le fonctionnement de l'Union est fondé sur la démocratie représentative. Être un citoyen de l'Union européenne signifie également jouir de droits politiques. Chaque citoyen adulte de l'Union a le droit de présenter sa candidature et de voter lors des élections au Parlement européen. Les citoyens de l'Union ont le droit de vote et d'éligibilité dans leur pays de résidence ou dans leur pays d'origine.

Égalité : l'égalité est celle de tous les citoyens devant la loi. Le principe d'égalité entre les femmes et les hommes sous-tend toutes les politiques européennes.

État de droit : l'Union européenne est fondée sur l'État de droit. Toutes les actions de l'Union reposent sur des traités, auxquels tous les États membres adhèrent démocratiquement et de leur plein gré. Le droit et la justice sont garantis par un pouvoir judiciaire indépendant.

Droits de l'homme : les droits de l'homme sont protégés par la Charte des droits fondamentaux de l'UE. Ils comprennent le droit à ne pas subir de discrimination fondée sur le sexe, la race ou l'origine ethnique, la religion ou les convictions, un handicap, l'âge ou l'orientation sexuelle, ainsi que le droit à la protection des données à caractère personnel et le droit d'accès à la justice.

D'après l'article « Objectifs et valeurs de l'Union européenne », sur le site Internet https://europa.eu, novembre 2020.

DOC. 3 Le Traité de Maastricht sur l'Union européenne

Une des grandes innovations apportées par le traité de Masstricht, signé le 2 février 1992, est l'institution d'une citoyenneté européenne qui s'ajoute à la citoyenneté nationale. Tout citoyen ayant la nationalité d'un État membre est aussi un citoyen de l'Union européenne.

Cette citoyenneté confère de nouveaux droits aux Européens, à savoir :

– le droit de circuler et résider librement dans la Communauté ;

– le droit de voter et d'être élu pour les élections européennes et municipales dans l'État où l'on réside ;

– le droit à une protection diplomatique et consulaire d'un État membre autre que celui d'origine sur le territoire d'un pays tiers où ce dernier État n'est pas représenté ;

– le droit de pétition devant le Parlement européen et de déposer une plainte auprès du médiateur européen.

D'après le site Internet https://eur-lex.europa.eu, à propos du Traité de Maastricht, 2020.

QUESTIONS

1 J'identifie

1. Quel acte diplomatique crée une citoyenneté européenne ? **(DOC. 3)**

2. Qui accède désormais à la citoyenneté européenne ? **(DOC. 3)**

3. Relevez les droits des citoyens européens. **(DOC. 3)**

4. Choisir deux symboles et relier chaque symbole aux valeurs de l'UE qu'il exprime. **(DOCS 1 ET 2)**

2 J'exprime

À partir de vos connaissances et des questions précédentes, expliquez la présence des mentions « Union européenne » et « République française » sur les passeports français.

3. Les différentes déclarations des droits de l'Homme

Préambule. Les représentants du peuple français, constitués en Assemblée nationale [...] ont résolu d'exposer, dans une déclaration solennelle, les droits naturels, inaliénables et sacrés de l'Homme [...].

Art. 1er. Les Hommes naissent et demeurent libres et égaux en droits. [...]

Art. 2. Le but de toute association politique est la conservation des droits naturels et imprescriptibles de l'Homme. Ces droits sont la liberté, la propriété, la sûreté, et la résistance à l'oppression.

Art. 3. Le principe de toute souveraineté réside essentiellement dans la Nation. [...]

Art. 4. La liberté consiste à pouvoir faire tout ce qui ne nuit pas à autrui : ainsi, l'exercice des droits naturels de chaque homme n'a de bornes que celles qui assurent aux autres membres de la société la jouissance de ces mêmes droits. Ces bornes ne peuvent être déterminées que par la loi.

Art. 5. La loi n'a le droit de défendre que les actions nuisibles à la société. Tout ce qui n'est pas défendu par la loi ne peut être empêché, et nul ne peut être contraint à faire ce qu'elle n'ordonne pas.

Art. 6. La loi est l'expression de la volonté générale. Tous les citoyens ont droit de concourir personnellement, ou par leurs représentants, à sa formation. Elle doit être la même pour tous, soit qu'elle protège, soit qu'elle punisse. [...]

Art. 9. Tout Homme étant présumé innocent jusqu'à ce qu'il ait été déclaré coupable, s'il est jugé indispensable de l'arrêter, toute rigueur qui ne serait pas nécessaire pour s'assurer de sa personne doit être sévèrement réprimée par la loi.

Art. 10. Nul ne doit être inquiété pour ses opinions, même religieuses, pourvu que leur manifestation ne trouble pas l'ordre public établi par la loi.

Art. 11. La libre communication des pensées et des opinions est un des droits les plus précieux de l'Homme : tout citoyen peut donc parler, écrire, imprimer librement, sauf à répondre de l'abus de cette liberté dans les cas déterminés par la loi.

[...]

DOC. 1 **La Déclaration des Droits de l'Homme et du Citoyen de 1789**

Jusqu'en 1789 et la Révolution française, il existe en France une monarchie absolue et une société d'ordres inégalitaire fondée sur les privilèges. La Déclaration des Droits de l'Homme et du Citoyen (DDHC) fixe les principes du nouveau régime inspiré des idées des Lumières.

Connaissances et capacités

Définir les principaux éléments des grandes Déclarations des droits de l'homme.
Connaître les différentes dimensions de l'égalité et les différentes formes de discriminations

DOC. 2 La Déclaration universelle des droits de l'homme de 1948

La Déclaration Universelle des Droits de l'Homme (DUDH) est adoptée trois ans après la fin de la Seconde Guerre mondiale caractérisée par de multiples violations des droits de l'Homme (massacres de masse, génocides, etc.).

Affiche réalisée par l'école des Beaux-Arts de Paris pour le 60e anniversaire de la Déclaration Universelle des Droits de l'homme (Création H. Rahal et E. Montero, ENSBA, 2008, extraits)

Mot-clé

Discrimination : Fait de séparer une personne ou un groupe en le traitant plus mal en raison de ses différences (origine, religion, sexe, supposée race, etc.)

QUESTIONS

1 J'identifie

1. Quand et dans quels contextes ont été adoptées la DDHC et la DUDH ? **(DOCS 1 ET 2)**

2. Citez l'article qui définit ce qu'est la liberté et ses limites. **(DOC. 1)**

3. Dans chaque déclaration, citez deux exemples de libertés **(DOCS 1 ET 2)**.

2 J'exprime

À l'aide des documents et de la définition ci-dessus, rédigez un paragraphe argumenté en deux parties :

– partie 1 : présentez les deux Déclarations, les circonstances de leur rédaction ainsi que les principes et valeurs qu'elles proclament ;

– partie 2 : rappelez quelques exemples de discriminations tirés de l'actualité qui justifient de poursuivre le combat pour les Droits de l'Homme.

4. Les principes de la laïcité

1 | La France est **une République indivisible, laïque, démocratique et sociale**. Elle assure l'égalité devant la loi, sur l'ensemble de son territoire, de tous les citoyens. Elle respecte toutes les croyances.

2 | La République laïque organise **la séparation des religions et de l'État**. L'État est neutre à l'égard des convictions religieuses ou spirituelles. Il n'y a pas de religion d'État.

LA RÉPUBLIQUE EST LAÏQUE

3 | La laïcité garantit **la liberté de conscience** à tous. **Chacun est libre de croire ou de ne pas croire.** Elle permet la libre expression de ses convictions, dans le respect de celles d'autrui et dans les limites de l'ordre public.

4 | La laïcité permet l'exercice de la citoyenneté, en conciliant **la liberté de chacun** avec **l'égalité et la fraternité de tous** dans le souci de l'intérêt général.

5 | La République assure dans les établissements scolaires le respect de chacun de ces principes.

CHARTE DE LA LAÏCITÉ À L'ÉCOLE

La Nation confie à l'École la mission de faire partager aux élèves les valeurs de la République.

6 | La laïcité de l'École offre aux élèves les conditions pour forger leur personnalité, exercer leur libre arbitre et faire l'apprentissage de la citoyenneté. **Elle les protège de tout prosélytisme et de toute pression** qui les empêcheraient de faire leurs propres choix.

7 | La laïcité assure aux élèves l'accès à **une culture commune et partagée**.

8 | La laïcité permet l'exercice de **la liberté d'expression** des élèves dans la limite du bon fonctionnement de l'École comme du respect des valeurs républicaines et du pluralisme des convictions.

9 | La laïcité implique **le rejet de toutes les violences et de toutes les discriminations**, garantit **l'égalité entre les filles et les garçons** et repose sur une culture du respect et de la compréhension de l'autre.

10 | **Il appartient à tous les personnels de transmettre aux élèves le sens et la valeur de la laïcité**, ainsi que des autres principes fondamentaux de la République. Ils veillent à leur application dans le cadre scolaire. Il leur revient de porter la présente charte à la connaissance des parents d'élèves.

11 | **Les personnels ont un devoir de stricte neutralité** : ils ne doivent pas manifester leurs convictions politiques ou religieuses dans l'exercice de leurs fonctions.

L'ÉCOLE EST LAÏQUE

12 | **Les enseignements sont laïques.** Afin de garantir aux élèves l'ouverture la plus objective possible à la diversité des visions du monde ainsi qu'à l'étendue et à la précision des savoirs, **aucun sujet n'est a priori exclu du questionnement scientifique et pédagogique**. Aucun élève ne peut invoquer une conviction religieuse ou politique pour contester à un enseignant le droit de traiter une question au programme.

13 | Nul ne peut se prévaloir de son appartenance religieuse pour refuser de se conformer aux règles applicables dans l'École de la République.

14 | Dans les établissements scolaires publics, les règles de vie des différents espaces, précisées dans le règlement intérieur, sont respectueuses de la laïcité. **Le port de signes ou tenues par lesquels les élèves manifestent ostensiblement une appartenance religieuse est interdit.**

15 | Par leurs réflexions et leurs activités, **les élèves contribuent à faire vivre la laïcité** au sein de leur établissement.

DOC. 1 LA CHARTE DE LA LAÏCITÉ À L'ÉCOLE (2013)

1789	La Déclaration des droits de l'homme et du citoyen reconnaît la liberté de conscience : « nul ne doit être inquiété pour ses opinions, même religieuses, pourvu que leur manifestation ne trouble pas l'ordre public établi par la loi ».
1792	Institution de l'état civil séculier. Les registres d'état civil, jusqu'alors tenus par l'Église, sont transférés aux communes. Celles-ci consignent désormais naissances, mariages et décès. Le mariage civil devient la forme légale du mariage.
1882	La loi sur l'enseignement primaire obligatoire substitue l'éducation morale et civique à l'éducation morale et religieuse.
9 décembre 1905	Loi de séparation des Églises et de l'État. L'État cesse de reconnaître, salarier et subventionner les cultes. La loi prévoit la création d'associations cultuelles « pour survenir aux frais, à l'entretien et à l'exercice public d'un culte ».
15 mars 2004	Loi encadrant, en application du principe de laïcité, le port de signes ou de tenues manifestant une appartenance religieuse dans les écoles, collèges et lycées publics : les signes discrets sont autorisés mais les signes ostentatoires sont interdits.
Septembre 2013	Le ministre de l'éducation nationale publie la Charte de la laïcité dans l'école. Celle-ci doit être affichée dans tous les établissements scolaires publics au même titre que le drapeau tricolore, la devise républicaine « Liberté, Égalité, Fraternité » et la Déclaration des droits de l'homme et du citoyen du 26 août 1789. Elle rappelle les règles du « vivre ensemble » à l'école et vise à aider à une meilleure compréhension de ces règles.

DOC. 2 Chronologie de la laïcité en France depuis la Révolution

QUESTIONS

1 J'identifie

1. Présentez le document : titre, date, ministère qui le diffuse. **(DOC. 1)**

2. D'après les articles 2 et 3, expliquez comment l'État garantit la laïcité. **(DOC. 1)**

3. D'après l'article 9, citez un des types de discrimination contre lesquels lutte la laïcité. **(DOC. 1)**

4. D'après les articles 11 à 13, citez deux obligations que doivent respecter les membres de la communauté éducative. **(DOC. 1)**

5. Pourquoi peut-on dire que l'école devient laïque en 1882 ? **(DOC. 2)**

6. Pourquoi peut-on dire que la loi de 1905 organise la séparation entre les Églises et l'État ? **(DOC. 2)**

7. Que prévoit la loi de 2004 ? **(DOC. 2)**

2 J'exprime

Préparez un exposé sur la laïcité dans la République Française : origines, objectifs, définition, application dans les établissements scolaires.

CONNAISSANCES ET CAPACITÉS

Reconnaître les grandes caractéristiques d'un État démocratique

5. Les principes d'un État démocratique

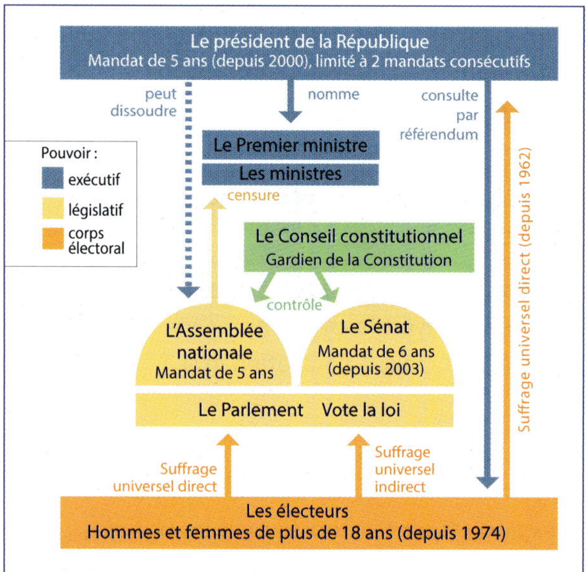

DOC. 1 LA CONSTITUTION DE LA Ve RÉPUBLIQUE

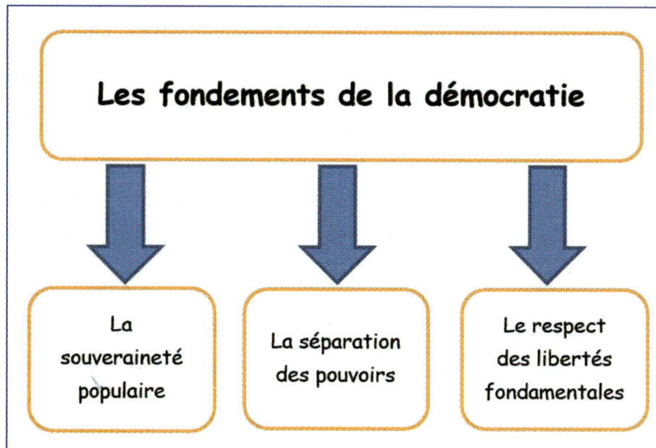

DOC. 2 LES FONDEMENTS DE LA DÉMOCRATIE

DOC. 3 COMMENT NAIT UNE LOI ?

« Comment nait une loi », caricature de Plantu pour l'Association des journalistes parlementaires.

QUESTIONS

1 J'identifie

1. Quel texte organise les institutions de la République ? **(DOC. 1)**

2. Comment les citoyens expriment-ils leur souveraineté ? **(DOC. 1)**

3. Quels sont les deux principaux pouvoirs et qui les exerce ? **(DOC. 1)**

4. Relevez trois preuves que la Constitution donne au Président de la République un rôle particulièrement important ? **(DOC. 1)**

5. Pourquoi peut-on dire que la confection d'une loi respecte le principe démocratique de la séparation des pouvoirs ? **(DOC. 3)**

2 J'exprime

À l'aide de vos réponses, rédigez trois phrases pour montrer que la Constitution applique les grands principes de la démocratie **(DOC. 2)** :
- la souveraineté populaire
- la séparation des pouvoirs
- le respect des libertés fondamentales

CONNAISSANCES ET CAPACITÉS

Comprendre l'importance du vote dans une démocratie.

6. L'exercice de la citoyenneté dans une démocratie

DOC. 1 Le droit de vote en France

En France, le droit de vote est un droit et n'est pas, juridiquement, une obligation.

La question d'une éventuelle obligation du vote a souvent été débattue. Elle existe d'ailleurs dans certains pays, tels que la Belgique, la Suisse ou la Grèce. Néanmoins, elle n'a jamais été envisagée sérieusement en France. En revanche, le droit de vote est moralement un devoir pour les citoyens, comme le rappelle l'inscription figurant sur les cartes électorales : « Voter est un droit, c'est aussi un devoir civique ». Le vote n'est pas juridiquement un devoir d'abord par principe. Si le vote est un droit, on peut, comme tout autre droit (ex : liberté de réunion ou d'association), ne pas l'exercer. Il pourrait sembler paradoxal de transformer un droit aussi essentiel en contrainte. Ce n'est pas juridiquement un devoir également pour une question de pratique politique. En effet, obliger les citoyens à voter pose au moins deux problèmes.

1. Vérifier que cette règle sera suivie : en clair, il faudrait mettre en œuvre une sanction pénale efficace, à savoir une amende sévère. Faute de quoi l'obligation posée pourrait demeurer lettre morte.

2. Forcer les citoyens à utiliser leur droit de vote peut avoir des effets déstabilisateurs sur les résultats : augmentation des votes blancs, nuls ou extrémistes, qui pourraient signifier l'opposition des citoyens à une telle procédure.

D'après l'article, « Le droit de vote est-il un devoir ? », sur le site Internet Vie-publique.fr, novembre 2020.

DOC. 2 Un lieu : le bureau de vote

Les bulletins de chaque candidat doivent être à la disposition des électeurs. Le vote est en principe secret en France depuis 1795, mais l'isoloir n'est apparu qu'en 1913 dans les bureaux de vote.

QUESTIONS

1 J'identifie

1. Comment est préservée la liberté de choix du citoyen au moment du vote ? **(DOC. 2)**

2. En France, le vote est-il une obligation ou un devoir civique ? **(DOC. 1)**

3. Quelles objections peut-on opposer au vote obligatoire ? **(DOC. 1)**

4. D'après vos connaissances, dans la liste ci-dessous, quels sont les organes ou personnes élus au suffrage universel :
Premier minsitre – Députés – Conseils municipaux – Conseil constitutionnel – Président de la République

2 J'exprime

À l'aide des documents et de vos connaissances, rédigez un paragraphe d'une dizaine de lignes où vous développerez des arguments destinés à convaincre un électeur d'exercer son droit de vote.

CONNAISSANCES ET CAPACITÉS

Expliquer le sens et l'importance de l'engagement individuel ou collectif des citoyens dans une démocratie.
Connaître les différentes dimensions de l'égalité et les différentes formes de discriminations

7. L'évolution des droits des femmes

1910	La « Journée des femmes » est proposée par l'Allemande Clara Zetkin à Copenhague
1911	Le 8 mars 1911, un million de femmes manifestent en Europe
1917	Le 8 mars 1917, défilé d'ouvrières russes à St-Pétersbourg contre la guerre
1918-1920	Droit de vote accordée aux femmes, notamment au Royaume-Uni, en Russie, en Allemagne et aux États-Unis
1944-1945	Droit de vote accordé aux femmes en France (1944) et en Italie (1945)
1960	- Première pilule contraceptive vendue aux États-Unis (en 1967 en France) - Première femme nommée Premier ministre (Sirimavo Bandaranaike au Sri Lanka)
1963	Première femme à voyager dans l'espace (Valentina Terechkova en URSS)
1975	« Loi Veil » en France, autorisant l'avortement (IVG, Interruption Volontaire de Grossesse)
1977	« Journée internationale des Femmes » officialisée par l'ONU le 8 mars de chaque année
1999-2000	Lois pour favoriser l'égal accès des femmes et des hommes aux mandats électoraux et aux fonction électives en France
2005	Première femme élue présidente en Afrique (Ellen Johnson Sirleaf au Liberia)

DOC. 1 ÉVOLUTION DES DROITS DES FEMMES

DOC. 2 LA LUTTE CONTRE LES VIOLENCES FAITES AUX FEMMES

Manifestation du 23 novembre 2019 à Paris dans le cadre de la Journée internationale pour l'élimination de la violence à l'égard des femmes (féminicides). La couleur mauve portée par les manifestantes est la marque du collectif #NousToutes, créé en 2018, ont libéré la parole des victimes d'agressions et de harcélements sexuels.

QUESTIONS

1 J'identifie

1. Pouquoi le 8 mars est-elle une date importante dans l'histoire des droits des femmes ? **(DOC. 1)**

2. Jusqu'au début du xxe siècle, de quelle discrimination les femmes étaient-elles victimes dans le domaine politique ? **(DOC. 1)**

3. Quelle liberté la loi Veil accorde-t-elle aux femmes ? **(DOC. 1)**

4. Pourquoi le document 2 montre-t-il que la lutte pour les droits des femmes est loin d'être achevée ? **(DOC. 2)**

2 J'exprime

D'après les éléments du dossier et vos connaissances, résumez quelques avancées dues à la lutte des femmes, puis mentionnez quelques exemples de combats pour les droits des femmes tirés de l'actualité.

CONNAISSANCES ET CAPACITÉS

Expliquer le sens et l'importance de l'engagement individuel ou collectif des citoyens dans une démocratie.

8. L'engagement associatif

DOC. 1 L'ENGAGEMENT ASSOCIATIF : DES MODALITÉS DIVERSES

En France, la liberté d'association est garantie par la loi de 1901. Grâce à cette loi, les 1,3 millions d'associations et leurs 13 millions de bénévoles constituent un élément essentiel de la vie sociale et démocratique du pays.

Il y a différentes manières de s'impliquer dans les activités d'une association :

1. On peut participer sans être membre : en effectuant des dons ou en s'impliquant ponctuellement dans certaines actions de l'association.

2. On peut être adhérent (on parle aussi de « sociétaire »), en payant régulièrement une cotisation. Cette participation limitée correspond au désir d'être informé de l'activité de l'association et de l'encourager dans son action.

3. On peut s'engager de manière plus importante, en prenant directement en charge les actions mises en œuvre par l'association : distribution de denrées pour des associations à but humanitaire, organisation de réunions ou de colloques pour les associations incitant aux débats, mise en place d'expositions pour les associations visant à la diffusion de la culture...

4. Enfin, on peut participer aux organes dirigeants de l'association. Dans un souci d'organisation et de bon fonctionnement, il existe à la tête d'une association un bureau, dont les membres sont nommés par le conseil d'administration, lui-même élu par les adhérents. Chaque membre du bureau a un rôle défini. Le président dirige l'association, le secrétaire en organise le travail et s'attache à maintenir le contact avec les sociétaires, enfin le trésorier a en charge les finances de l'association.

D'après le site Vie-publique.fr, novembre 2020.

DOC. 2 LE BÉNÉVOLAT

Une bénévole de la Croix-Rouge française durant une session d'entraînement aux gestes de premier secours.

QUESTIONS

1 J'identifie

1. À partir des explications du texte, présentez sous la forme d'un schéma les quatre manières de s'engager dans une association. **(DOC. 1)**

2. Vous ou vos proches êtes peut-être engagés dans une association. Présentez l'association et votre (ou leurs) rôle(s) au sein de l'association.

3. Pourquoi l'engagement de cette bénévole est-il utile ? **(DOC. 2)**

4. Créez dans votre établissement une affiche destinée à recruter de nouveaux membres pour l'association de votre choix. Vous pouvez vous inspirer des docs 1 et 2.

2 J'exprime

Préparez une intervention orale pour expliquer ce que l'engagement dans une association peut apporter aux autres et vous apporter à vous-même.

CONNAISSANCES ET CAPACITÉS

Savoir ce qu'est la Journée défense et citoyenneté (JDC).

9. La Journée défense et citoyenneté (JDC)

DOC. 1 La JDC, une journée au cœur de la défense nationale

Troisième étape[1] du « parcours de citoyenneté », la JDC s'impose à tous les citoyens, femmes et hommes, avant l'âge de 18 ans. Les pouvoirs publics et les forces armées agissent chaque jour pour que la liberté puisse exister, sur notre territoire, mais également en Europe et sur d'autres continents.

La JDC est une journée qui permet de rappeler à chacun que cette liberté a un prix. C'est aussi une occasion unique de contact direct avec la communauté militaire, et de découverte des multiples métiers et spécialités, civiles et militaires qu'offre aujourd'hui aux jeunes, la Défense.

Le programme de la journée comprend :
- des modules d'informations sur les responsabilités du citoyen et les enjeux de la Défense ;
- une information sur le service civique et les autres formes de volontariat, les périodes militaires d'initiation ou de perfectionnement à la Défense nationale, les possibilités d'engagement dans les forces armées et les forces de réserve ;
- des tests d'évaluation des apprentissages fondamentaux de la langue française, établis par l'éducation nationale ;
- une information « jeunesse citoyenne » consacrée, d'une part, à la sensibilisation à la sécurité routière, et d'autre part, au droit à l'information dont celle relative aux différents dons ;
- éventuellement une visite des installations militaires.

En fin de journée, un certificat de participation est remis. Il est obligatoire pour l'inscription aux examens et concours soumis au contrôle de l'autorité publique.

1. Troisième étape après « l'enseignement de défense » en classes de troisième et première et le « recensement » dès 16 ans.

D'après l'article « Journée Défense et Citoyenneté » sur le site http://www.defense.gouv.fr, novembre 2020.

DOC. 2 S'adresser aux jeunes

QUESTIONS

1 J'identifie

1. À qui s'adresse la JDC ? **(DOCS 1 ET 2)**

2. Présentez le document. Quelles sont les étapes du parcours de citoyenneté ? Quelle place occupe la JDC dans ce cadre ? **(DOC. 1)**

3. Pourquoi est-il important de mettre en contact direct les jeunes et les militaires durant cette journée ? **(DOCS 1 ET 2)**

4. Quelle est l'utilité du certificat de participation à la JDC ? **(DOC. 1)**

2 J'exprime

À partir de vos connaissances et des questions précédentes, expliquez le rôle de la Journée défense et citoyenneté.

CONNAISSANCES ET CAPACITÉS
- Connaître les grands principes qui régissent la Défense nationale.
- Citez les principales missions de la Défense nationale dans le contexte contemporain et mondial
- Identifier quelques-une des menaces sur la liberté des peuples et de la démocratie

10. Les citoyens et la Défense nationale

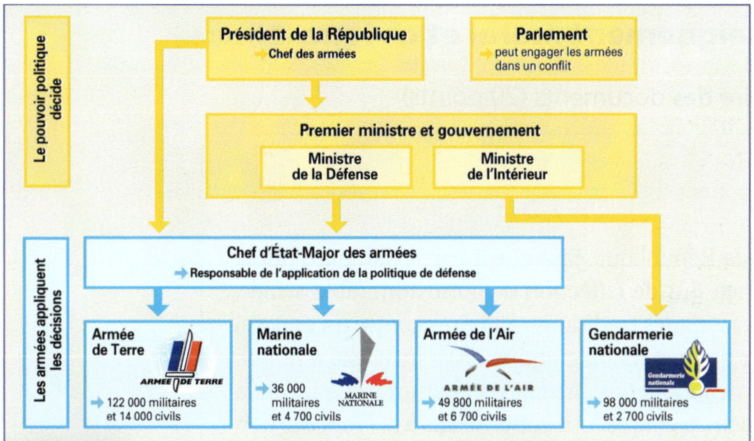

DOC. 1 L'ORGANISATION DE LA DÉFENSE NATIONALE

DOC. 2 INTERVENTION MILITAIRE FRANÇAISE AU MALI EN 2013

En 2013, la France intervient dans le cadre d'une opération de l'ONU. L'objectif est de mettre fin à la guerre civile, de veiller à l'organisation d'élections libres et d'apporter une aide humanitaire aux populations civiles.

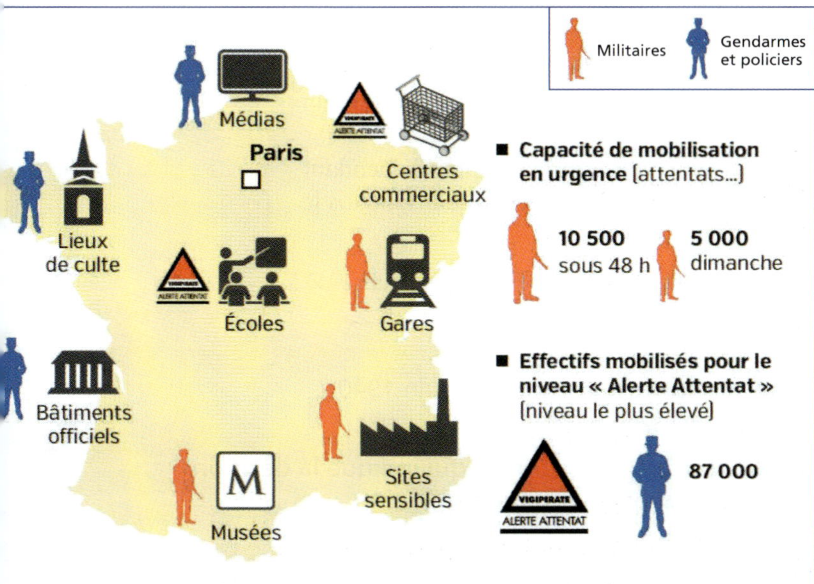

DOC. 3 LA PROTECTION DES LIEUX SENSIBLES LORS DU PLAN VIGIPIRATE, EN 2015

QUESTIONS

1 J'identifie

1. Qui est le principal responsable dans l'organisation de la défense nationale ? **(DOC. 1)**

2. Quelles forces (civiles et militaires) sont les acteurs de la Défense nationale ? **(DOC. 1)**

3. Contre quelle menace a été mis en place le plan Vigipirate ? **(DOC. 3)**

4. Pourquoi parle-t-on d'intervention extérieure et qui vise-t-on à protéger ? **(DOC. 2)**

2 J'exprime

À partir de vos réponses, expliquez en quoi peut-on dire que l'armée française sait adapter son armée pour protéger sa population et contribuer à maintenir la paix dans le monde.

BREVET • SUJET BLANC

Partie I - Analyse et interprétation de textes et de documents, maîtrise des différents langages (3 heures – 70 points)

1.1 Histoire-géographie-enseignement moral et civique (2 heures)

→ **Exercice 1.** Analyser et comprendre des documents (20 points)

HISTOIRE DOCUMENT

« Français !

À l'appel de Monsieur le président de la République, j'assume à partir d'aujourd'hui la direction du gouvernement de la France. Sûr de l'affection de notre admirable armée, qui lutte avec un héroïsme digne de ses longues traditions militaires contre un ennemi supérieur en nombre et en armes, sûr que par sa magnifique résistance, elle a rempli nos devoirs vis-à-vis de nos alliés, sûr de l'appui des anciens combattants que j'ai eu la fierté de commander, sûr de la confiance du peuple tout entier, je fais à la France le don de ma personne pour atténuer son malheur.

En ces heures douloureuses, je pense aux malheureux réfugiés qui, dans un dénuement extrême, sillonnent nos routes. Je leur exprime ma compassion et ma sollicitude. C'est le cœur serré que je vous dis aujourd'hui qu'il faut cesser le combat.

Je me suis adressé cette nuit à l'adversaire pour lui demander s'il est prêt à rechercher avec nous, entre soldats, après la lutte et dans l'honneur, les moyens de mettre un terme aux hostilités.

Que tous les Français se groupent autour du gouvernement que je préside pendant ces dures épreuves et fassent taire leur angoisse pour n'écouter que leur foi dans le destin de la patrie. »

Discours de Philippe Pétain, radiodiffusé le 17 juin 1940.

QUESTIONS

1. Dans quelle situation se trouve la France le 17 juin 1940 ?

2. Présentez l'auteur du discours.

3. Recopiez la phrase du discours radiodiffusé qui indique la décision prise par la maréchal Pétain face à la situation militaire.

4. Citez les alliés qu'évoque le maréchal Pétain.

5. Identifiez l'adversaire à qui il s'est adressé.

6. Caractérisez, en quelques lignes, les conséquences de cette décision en France.

7. D'après vos connaissances, qui a proposé une autre solution que l'armistice le 18 juin 1940 ?

→ **Exercice 2.** Maîtriser différents langages pour raisonner et se repérer (20 points)

QUESTIONS

1. Dans un texte organisé d'une quinzaine de lignes et à partir des exemples étudiés en classe, justifiez l'affirmation suivante : « l'aménagement du territoire permet de réduire les inégalités. »

2. Nommez et localisez sur la carte ci-contre deux régions françaises et deux aires urbaines.

GÉOGRAPHIE **DOCUMENT**

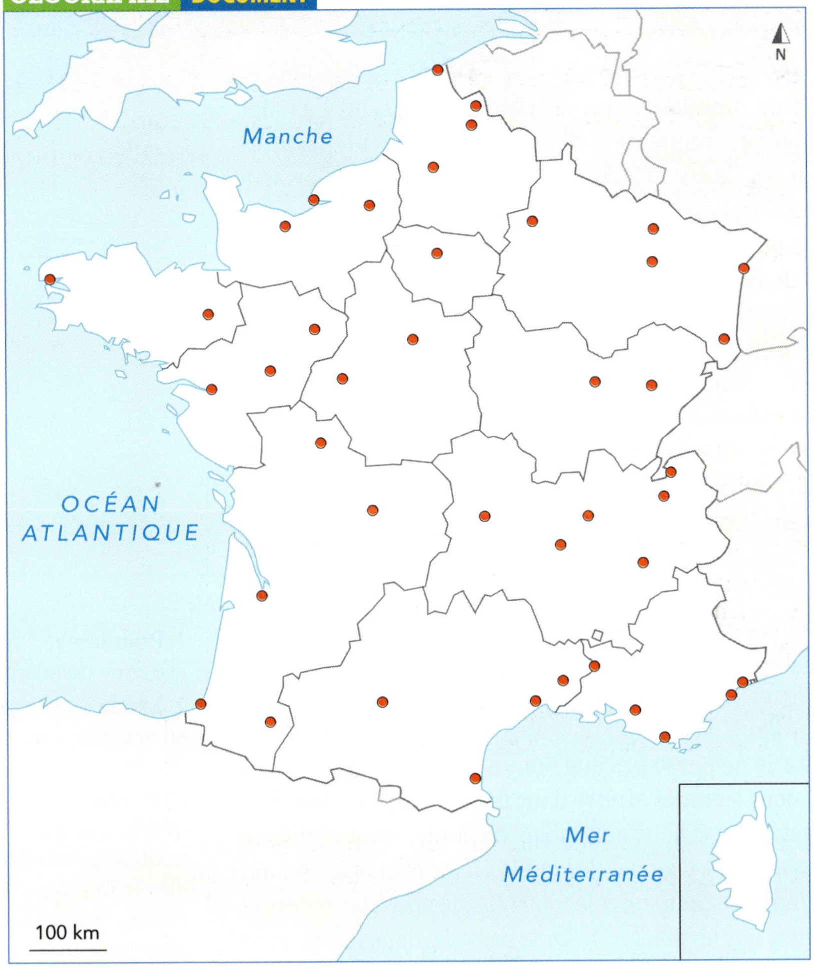

➜ **Exercice 3.** Enseignement moral et civique (10 points)

ENSEIGNEMENT MORAL ET CIVIQUE **DOCUMENT**

La liberté de conscience dans la Déclaration des droits de l'Homme et du citoyen de 1789

Inspirée des idées des philosophes des Lumières, la Déclaration des droits de l'Homme et du citoyen pose les bases du principe de laïcité.

Art. 1er. Les Hommes naissent et demeurent libres et égaux en droits. Les distinctions sociales ne peuvent être fondées que sur l'utilité commune. […]

Art. 10. Nul ne doit être inquiété pour ses opinions, même religieuses, pourvu que leur manifestation ne trouble pas l'ordre public établi par la Loi.

Art. 11. La libre communication des pensées et des opinions est un des droits les plus précieux de l'Homme : tout Citoyen peut donc parler, écrire, imprimer librement, sauf à répondre de l'abus de cette liberté dans les cas déterminés par la Loi.

QUESTIONS

1. Présentez ce document.

2. Définissez le terme de laïcité.

3. Quelle limite l'article 10 pose-t-il à la liberté d'expression ?

4. Pour chaque article, citez un extrait qui annonce le principe de laïcité.

5. Selon vous, expliquez pourquoi il est important de garantir ce principe.
Vous présenterez un exemple pour justifier vos idées (5 lignes environ).

BREVET • SUJET BLANC

1.2 Français (1 heure)

FRANÇAIS **DOCUMENT A**

C'est à la fin de mon année de première[1], en juin 1940, qu'intervint l'exode[2]. Celui-ci me laisse une désagréable impression d'improvisation générale et de pagaille voisine de la panique. Le discours de Pétain et l'armistice[3] nous avaient ulcérés[4]. Mes quinze ans bouillonnaient de rage. Il faisait un temps admirable. C'était le plein été… et nous fuyions devant l'arrivée des Allemands comme la quasi-totalité des habitants de Paris. De vagues connaissances de mes parents, qui avaient une camionnette pour faire les marchés, nous ont proposé de partir avec eux, dans le flot qui se dirigeait vers l'océan Atlantique. Nous avons pris la route des Sables-d'Olonne où nous avions l'adresse d'un camp de regroupement. Était-ce une œuvre juive ? Étions-nous regroupés avec d'autres immigrés ? C'est probable mais je n'en suis pas certain. Je venais de réussir mon premier bac au lycée Saint-Louis et j'espérais bien être de retour en quelques semaines.

Malgré le tragique de la situation, l'expédition sentait un peu les vacances par son côté « aventure ». Notre extrême jeunesse nous protégeait de la tragédie. Je suivais à vélo la camionnette dans laquelle s'entassaient mes parents, mon jeune frère et nos amis réfléchissant déjà à la façon de rentrer à Paris. Je tenais d'une main le guidon tandis qu'une corde me reliait à la camionnette. Soudain, j'ai glissé…et me suis relevé couvert de sang au grand affolement de mes parents. Il ne s'agissait heureusement que d'égratinures dues aux gravillons. J'ai terminé le voyage furieux et… douloureux, à l'intérieur de la camionnette. Je ne pense pas que nous ayons été bombardés, je n'en ai aucun souvenir. Nous nous sommes arrêtés dans un hôpital pour désinfecter mes blessures et avons finalement échoué aux Sables-d'Olonne, dans une sorte d'immense dortoir où s'entassaient des dizaines de familles. L'été et la plage aidant, l'ensemble avait l'allure d'un immense camping et les enfants que nous étions encore en ont sans doute moins souffert que les adultes. L'été se passa là, dans une étrange atmosphère de bains de mer et d'angoisse. Nous n'étions pas français et de surcroît nous étions juifs. Notre situation était des plus incertaines.

Georges Charpak, Dominique Saudinos, *La Vie à un fil tendu*, éd. Odile Jacob, 1993.

1. Première : classe de première.
2. Exode : en mai-juin 1940, une partie de la population quitte la moitié nord de la France devant l'arrivée des troupes allemandes.
3. Armistice : accord de paix.
4. Ulcérés : offensés, choqués.

FRANÇAIS **DOCUMENT B** **Réfugiés dans un camp à Rambouillet (1940)**

QUESTIONS **Les réponses aux questions doivent être entièrement rédigées.** (20 points)

→ *Sur le texte littéraire* (**DOCUMENT A**)

1. Que sait-on du narrateur de l'histoire ? Relevez les indices.

2. Pourquoi le narrateur et sa famille doivent-ils fuir ?

3. Par quels moyens de transport partent-ils ?

4. Quels sont les temps des verbes utilisés par l'auteur ? Pourquoi ?

5. Expliquez la phrase : « Notre extrême jeunesse nous protégeait de la tragédie. »

6. Ce voyage crée deux impressions chez le narrateur. Lesquelles ? Pourquoi ?

→ *Sur l'image* (**DOCUMENT B**)

7. Décrivez la photographie.

8. Quel lieu évoqué dans le texte peut être illustré par cette image ?

Partie 2 - Rédaction et maîtrise de la langue

(2 heures – 10 points)

→ **Exercice 1.** Réécriture (5 points)

« Nous nous sommes arrêtés dans un hôpital pour désinfecter mes blessures et avons finalement échoué aux Sables-d'Olonne. »

Réécrivez cette phrase en remplaçant « Nous » par « Elle » et en procédant à toutes les transformations nécessaires.

→ **Exercice 2.** Travail d'écriture (5 points)

Vous traiterez au choix le sujet A ou B.

Sujet A

« Notre extrême jeunesse nous protégeait de la tragédie. »

Selon vous, les enfants voient-ils le monde dans lequel ils vivent de la même manière que leurs parents ou ont-ils une vision différente ?

Vous répondrez à cette question dans un développement argumenté en vous appuyant sur le texte, votre expérience, vos lectures, votre culture personnelle et les connaissances acquises dans l'ensemble des disciplines. Votre rédaction sera d'une soixantaine de lignes minimum.

Sujet B

Les connaissances évoquées par l'auteur ne peuvent finalement pas prendre toute la famille dans leur camionnette. Comment ceux qui restent vont-ils pouvoir fuir Paris ? Par quels moyens ? En s'adressant à qui ?

Imaginez la suite du récit en une soixantaine de lignes minimum.

CARTE 1 Les États du monde

CARTE 3 Les États européens

Crédits iconographiques

8 PHOTO12.COM / L'Illustration
9 bas BRIDGEMAN IMAGES/Rue des Archives/René Dazy
9 ht ROGER-VIOLLET/Maurice Branger
9 m ROGER-VIOLLET
13 d AKG-Images
13 g ROGER-VIOLLET/Maurice Branger
14 ROGER-VIOLLET
15 ONU/Fabrice Arlot, avec l'aimable autorisation de la Mission permanente de la France auprès de l'ONU à Genève/© Adagp, Paris 2016
16 © BPK, Berlin, Dist. RMNGrand Palais/ Image BPK
17 CCAF/Conseil de Coordination des Organisations arméniennes/ www.2015.ccaf.info
18 DAVID KING COLLECTION
18 g BRIDGEMAN IMAGES/Rue des Archives/ CCI
19 d BUNDESARCHIV
20 CIRIP/Alain Gesgon
21 CIRIP/Alain Gesgon
23 bas LEEMAGE/DPA/Picture Alliance
23 ht GAMMA RAPHO/ Keystone
24 United States Holocaust Memorial Museum (USHMM), New York
25 LEEMAGE/AISA
26 Chicago Tribune Compagny
27 d ADOC-PHOTOS
27 g VERTIGE GRAPHIC
28 ROGER-VIOLLET
29 bas ARCHIVES NATHAN
29 ht BIS/Archives Nathan/BDIC
30 MEMORIAL DE LA SHOAH / CDJC
31 CHRISTOPHE L COLLECTION/© Legende Films
32 ARCHIVES NATHAN/ Musée d'Histoire Contemporaine/BDIC
32 bas d ARCHIVES NATHAN
32 bas g GAMMA RAPHO/ Keystone
33 CIRIP/Alain Gesgon
36 GUENET FRANCOIS/Divergence
37 bas AFP
37 ht CIRIP/Alain Gesgon
37 m bas COMMISSION EUROPEENNE
37 m ht ROGERVIOLLET/Ullstein Bilderdienst
41 ht Daily Mail, Londres
42 La Dépêche quotidienne
43 bas L'HUMANITE
43 ht GAMMA RAPHO
44 COMMISSION EUROPÉENNE/EuropeGrafica/ENA
45 BEHREND Fritz
46 d Archives Nathan
46 g Woop
47 TOBB
49 COMMISSION EUROPÉENNE
50 STUDIO X/Bilderberg/Andrej Reiser
51 COURRIER INTERNATIONAL, n°831
52 bas AFP/GETTY IMAGES Europe/Carsten Koall
52 ht REUTERS/Anis Mili
53 bas REUTERS/Ward Al-Keswani
53 ht SIPA PRESS/AP/Ahn Young-Joon
54 AFP
55 LE MONDE
58 GAMMA RAPHO/Denis Cittanova
59 bas ARCHIVES NATHAN
59 ht GAMMA RAPHO/ Keystone
59 m GAMMA RAPHO/Keystone
62 GAMMA RAPHO/Keystone
63 GAMMA RAPHO/ Keystone
64 BRIDGEMAN IMAGES/RUE DES ARCHIVES/ Tallandier
65 KHARBINETAPABOR/ Collection Dixmier
66 GAMMA RAPHO/Keystone
67 ARCHIVES NATHAN
68 DILA/ La Documentation française/ Jean-Marie Marcel
69 LE CANARD ENCHAINE,1965
70 CIRIP/Alain Gesgon
71 PLANTU
72 KHARBINE-TAPABOR
73 bas GAMMA RAPHO/Keystone
73 ht KHARBINE-TAPABOR/© Claire Bretecher
74 GAMMA RAPHO/Berrety
75 bas GAMMA RAPHO/Jean-Jacques Bernier
75 ht d GAMMA/ Dominique Gutekunst
75 ht g ADOC-PHOTOS/Maurice Zalewski
76 ROGERVIOLLET/ A. Harlingue
77 AFP
80 MAIRIE DE BORDEAUX/Thomas Sanson
81 bas HEMIS.FR/Francis Cormon
81 ht AIR IMAGES.NET/Philippe Guignard
81 m ANDIA/Tom
87 AIR IMAGES/Philippe Guignard
88 bas COLIN MATTHIEU/ Divergence
89 AIR IMAG ES/Philippe Guignard
91 AIR IMAGES/ Philippe Guignard
92 NATURIMAGES/FD/Roger Hemon
93 bas HEMIS/Francis Cormon
93 ht Mairie de Villerest
94 bas REA/Pierre Gleizes
94 ht Texto/Jakob Radlgruber
95 ANDIA/ Betend
96 HEMIS/Francis Cormon
97 HEMIS/Francis Cormon
100 CIT'IMAGES/Xavier Testelin
101 bas SCHROLL Luc
101 ht PHOTOBLOT.COM
105 EUROMEDITERRANEE/ Golem Image
107 PHOTOBLOT.COM
110 HEMIS/Bertrand Rieger
111 SCHROLL Luc
112 MERILLON Georges/Divergence
114 NATURIMAGES/ Guillaume Feuillet
118 COSMOS/Didier Ruef
119 bas AFP/Imaginechina/Zhou Junxiang
119 ht AFP/ Marc Preel
122 danubebridge2.com
123 AFP/Marc Preel
125 MAXPPP/Photo PQR/ Pierre Heckler
126 AFP/Citizenside/Erick Garin
129 HEMIS/Yann Arthus Bertrand
131 AFP/Imaginechina/Zhou Junxiang
132 AFP/Angelos Tzortzinis
138 DR
140 DR
143 © Rahal et Montero/ Commission française pour l'UNESCO
146 PLANTU
147 Pluquet/Alpaca/Andia.fr
147 bas Shutterstock/ fullempty
148 Christian Hartmann/Reuters
149 MINISTERE de la DEFENSE
151 AFP/Joel Saget
154 ROGERVIOLLET.

Coordination éditoriale : Séverine Martineau
Édition : Alexis Roume
Conception maquette et couverture : Isabelle Jalfre
Mise en pages : Alinéa
Cartographie : Légendes Cartographie
Illustrations et infographies : Sylvia Bataille – Marie Lévêque
Iconographie : Maryse Hubert
Fabrication : Laura Milhomme

Dépôt légal: avril 2021 - N° de projet: 10269386
Achevé d'imprimer en mars 2021 par Vincenzo Bona S.p.A. à Turin en Italie

CARTE 2 Le relief de l'Europe

Cercle Polaire Arctique
RUSSIE
KAZAKHSTAN
MONGOLIE
GÉORGIE
OUZBÉKISTAN
KIRGHIZISTAN
AZERBAÏDJAN
TADJIKISTAN
TURKMÉNISTAN
CORÉE DU NORD
CORÉE DU SUD
JAPON
CHINE
IRAK
IRAN
AFGHANISTAN
KOWEÏT
BAHREÏN
QATAR
PAKISTAN
NÉPAL
BHOUTAN
ÉMIRATS ARABES UNIS
ARABIE SAOUDITE
OMAN
BANGLADESH
TAÏWAN
Tropique du Cancer
INDE
BIRMANIE
LAOS
VIETNAM
PHILIPPINES
YÉMEN
DJIBOUTI
CAMBODGE
THAÏLANDE
OCÉAN PACIFIQUE
SRI LANKA
SOMALIE
MALDIVES
BRUNEI
MALAISIE
SINGAPOUR
Équateur
INDONÉSIE
PAPOUASIE-NOUVELLE-GUINÉE
SEYCHELLES
COMORES
TIMOR-ORIENTAL
ÎLES SALOMON
VANUATU
MADAGASCAR
MAURICE
AUSTRALIE
Tropique du Capricorne
NOUVELLE-ZÉLANDE
N
3 000 km
Cercle Polaire Antarctique